HEIKE STÖTZER

Das Kochbuch für den erfüllten Kinderwunsch

Email: info@edition-lunerion.de
www.edition-lunerion.de

Psiana eCom UG
Berumer Str. 44
26844 Jemgum

Vorwort

Sie planen Nachwuchs und wollen Ihren Körper optimal auf die Schwangerschaft vorbereiten? Dazu möchten Sie der Empfängnis vielleicht noch ein wenig auf die Sprünge helfen? Und vor allem soll Ihr Baby mit den perfekten Voraussetzungen ins Leben starten? Dann schnappen Sie sich dieses Kochbuch und bereiten Sie Ihrem Familienglück auf kulinarische Art den Weg!

Kein Alkohol in der Schwangerschaft, nicht rauchen und möglichst viele Nährstoffe fürs Kind: Solche Grundsätze gehören längst zum Allgemeinwissen, aber wussten Sie, dass Sie schon vor der Zeugung mit Ihrer Ernährung einen großen Einfluss auf die Familienplanung nehmen können? Denn mit optimal ausgewogener Nahrungszufuhr erhöhen sich Ihre Vitalität und die Spermienqualität Ihres Mannes, zudem schaffen Sie in Ihrem Körper die perfekten Voraussetzungen für eine komplikationsfreie Schwangerschaft. In diesem Buch finden Sie deshalb eine große Auswahl an Rezepten, die genau auf die Bedürfnisse baldiger Mütter und Väter zugeschnitten sind und dabei auch noch so richtig gut schmecken. Ob Veggie, Fleischfreund oder Fischfan, hier entdecken Sie eine große Auswahl für jeden Geschmack und dabei sind die Gerichte auch noch mühelos in den stressigen (Familien-) Alltag zu integrieren.

Guten Appetit!

INHALT

Wissenswertes

Gesunde Ernährung ist für ein energievolles und schwungvolles Leben unerlässlich. Eine hohe Motivation, physische wie psychische Belastbarkeit und eine Jungkur für die Zellen sind wirkungsvolle Folgen der bedachten Wahl unserer Mahlzeiten. Auf diesem Weg sichern sich alle Personen ein langes sowie aktives Leben. Die optimale Zufuhr an den richtigen Pflanzen- und Inhaltsstoffen bereitet zudem den Weg zur erfolgreichen Schwangerschaft ohne Komplikationen vor. Denn der weibliche Körper bekommt die optimalen Voraussetzungen für eine generell zehrende Schwangerschaft, die Männer profitieren von einer erhöhten Fruchtbarkeit. Schwangerschaften verlaufen vollkommen unterschiedlich. Das hängt mit dem persönlichen Gesundheitszustand, dem Alter sowie dem individuellen Lebensstil zusammen.

Wer seinen Fokus auf gesunde Ernährung richtet, wird nicht zwangsweise schneller schwanger. Es werden aber nachweislich bessere Voraussetzungen geschaffen. Und während der Schwangerschaft minimieren Sie Komplikationen. Bedenken Sie ebenfalls: Sie bestimmen mit Ihrer Ernährung über die Basis der körperlichen Verfassung des zukünftigen Sonnenscheins! Wie immer kommt es dabei auf die Ausgewogenheit auf der individuellen Speisekarte an. Mit dem Blick auf die richtigen Inhaltsstoffe gelingt die Zufuhr wertvoller und förderlicher Ressourcen spielend einfach. Mineralstoffe sowie Vitamine sind hierbei Trumpf und sollten gut verteilt auf dem Teller landen. Aber was benötigt der Körper in Vorbereitung auf einen Kinderwunsch?

Einkaufsliste für den Kinderwunsch

Mit der richtigen Ernährung gönnen sich werdende Eltern die besten physischen wie auch psychischen Rahmenbedingungen. So sind sie besser auf die zehrende Schwangerschaft vorbereitet – natürlich insbesondere die Frauen. Eine elementare Rolle spielt hierbei die Zufuhr einer reichhaltigen Fülle an verschiedenen Nährstoffen. Damit präsentiert sich der Körper als breit aufgestellt und resistenter gegenüber jedweder Belastung. Und dennoch sollen die Gerichte auch munden, denn nur mit einem vorzüglichen Geschmack wird die gesunde Ernährung konsequent umgesetzt. Besonders wichtig beim Thema Schwangerschaft sind folgende Inhaltsstoffe:

Folsäure: Beim Thema Schwangerschaft führt nichts an der Folsäure vorbei. Sie ist das wichtigste Vitamin und an Hormonproduktion wie auch den Zellteilungsprozessen beteiligt. Der große Pluspunkt – die nachweisliche Minderung des Risikos auf einen embryonalen Neuralrohrdefekt. Es baut sich langsam im Körper auf, sollte daher bereits vor der Schwangerschaft ausreichend zugeführt werden.

- Erdbeeren
- Erdnüsse
- Feldsalat
- Haferflocken
- Kichererbsen
- Kirschen
- Kohlsorten
- Spinat
- Weizenkleie

Vitamin D: Und noch eine essenzielle Unterstützung für den Hormonhaushalt. Die Beteiligung am Knochenstoffwechsel – speziell der Knochenmineralisierung – zeichnet das Potenzial dieses Vitamins aus. Da es am einfachsten mittels Sonnenstrahlung im Körper produziert werden kann, empfiehlt sich der Gang an die frische Luft immer. Ansonsten steckt es nur in wenigen Lebensmitteln.

- Avocado
- Champignons
- Eigelb
- Emmentaler
- Hering
- Lachs
- Steinpilze

Vitamin E: Die Unterstützung schlechthin für den Zellschutz heißt Vitamin E. Davon profitiert zudem die Hormonproduktion. Es fängt außerdem die Radikale im Körper ein. Dadurch werden sämtliche Gefäßsysteme im Körper geschützt.

- Butter
- dunkle Beeren
- Eier
- Mandeln/Nüsse
- Pflanzenöle
- Pinienkerne

Zink: Mit Hilfe dieses Minerals wird die Produktion der Geschlechtshormone auf einem gesunden Stand bewahrt. Außerdem schützt es vor Schwermetallbelastung. Wiederum erweist sich das als förderlich für die Fruchtbarkeit. Wachstum, Immunabwehr und Wundheilung erleben einen Aufschwung durch einen entsprechenden Zinkvorrat. Für Augen, Haare und Haar sowie Knochen spielt es eine entscheidende Rolle. Und auch das männliche Fortpflanzungsorgan profitiert vom Zink.

- Austern
- Rindfleisch
- Kakaopulver
- Käse
- Kerne
- Nüsse
- Sojabohnen

Selen: Mit der regelmäßigen Zufuhr dieses Spurenelements schützt sich der Mensch vor den freien Radikalen im eigenen Körper. Es wirkt daher antioxidativ. Des Weiteren unterstützt es den Stoffwechselprozess. Insbesondere die Schilddrüse ist auf Selen angewiesen. Es stellt ebenso einen Baustein der Spermien dar.

- Brokkoli
- Eier
- Hülsenfrüchte
- Lachs
- Lammfleisch
- Paranüsse
- Pilze
- Spargel
- Weizenkleie

Omega-3-Fettsäuren: Mit diesen gesunden Fettsäuren erwartet uns das beste Mittel gegen Entzündungen. Sie schützen das Immunsystem und fördern regelrecht die Voraussetzungen für eine Schwangerschaft. Zudem hemmen sie die Blutgerinnung und schüren damit einen gesunden Blutfluss. Wiederum senken sie den Blutdruck.

- Fisch
- Pflanzenöle
- Samen
- Sojabohnen
- Walnüsse

Tipp: Kochen auf niedrigen Temperaturen schützt die Mineralien und Vitamine. Das schenkt dem Genießer mehr Power.

In den Einkaufskorb gehören zur Unterstützung der Schwangerschaft folgende Produkte:

- *Getreide/Beilagen* (Vollkornprodukte, Haferflocken, Naturreis, Weizenkleie, Kartoffel)
- *Gemüse* (Salate, Bohnen/Erbsen, Kohl, Möhren, Paprika, Rhabarber, Spinat, Spargel, Zwiebel/Knoblauch)
- *Obst* (Apfel, Avocado, Beeren, Feige/Granatapfel, Olive, Orange, Pfirsich, Wassermelone, Zitrone)
- *Nüsse/Kerne/Samen*
- *Eier-/Milchprodukte* (Buttermilch, Frischkäse, Joghurt, Kefir)
- *Kräuter* (Balsamessig, Basilikum, Chili, Curry, Ingwer, Kreuzkümmel, Muskat, Pfeffer, Thymian)

Ein paar kleine Regeln zum Wohle der eigenen Gesundheit und im Sinne einer erfolgreichen Schwangerschaft:

• 3 Portionen Gemüse und 2 Portionen Obst am Tag in den Speiseplan integrieren

• Smoothies schenken natürlich belassene und vor allem viele Pflanzenstoffe leicht verdaulich

• Eiweiß gehört zu einer gesunden Ernährung (mageres Fleisch, Eier, Nüsse und Hülsenfrüchte)

• Selbst kochen reduziert künstliche Substanzen, Ersatzstoffe, gehärtete Fette und Konservierungsmittel

• Komplexe Kohlenhydrate müssen in einigen Schritten verdaut werden – Sättigung (Kartoffeln, Vollkornbrot, Kürbis und brauner Reis)

• Regionale und saisonale Einkäufe schenken Abwechslung und Aroma

• Flüssigkeitsbedarf ausreichend decken (mindestens 1,5 Liter am Tag trinken)

• Ungesüßten Tee und Saftschorlen den Flaschengetränken aus dem Handel vorziehen

Tipp: Eine erfrischende Schorle besteht aus einem Drittel Saft und zwei Dritteln Wasser.

Zudem bedarf es für eine gut verlaufende Schwangerschaft abseits des Speiseplans noch eines entscheidenden Aspekts: Bewegung!

• Pinienkerne fördern Blutbildung durch Eisen

• Melone/Tomaten enthalten für die Augen wichtiges Vitamin A

• Spargel unterstützt Zellerneuerung mittels Vitamin B

• Dinkel bietet Aminosäure Tryptophan zur Stimmungsaufhellung (Vorstoff zu Serotonin)

• Brombeeren liefern Anthocyane zur Bekämpfung der freien Radikale

• Rote Bete senkt den Blutdruck und schenkt mit Betain die Basis gegen Entzündungen

• Avocado offenbart mit B-Vitaminen und Lecithin Potenzial für Muskelaufbau

Ernährungstipps für die Frau

Neben Alter und Lebensstil hat vor allem auch der eigene Gesundheitszustand einen entscheidenden Einfluss auf die Fruchtbarkeit und damit die erhoffte Schwangerschaft. Und die Fruchtbarkeit geht nun einmal beide Partner an.

Frauen werden neun Monate die Entwicklung des eigenen Nachwuchses anfänglich weniger und später immer mehr am eigenen Leib erfahren. Für den Traum vom Kind darf der Körper gern unterstützt werden. Insbesondere im Vorfeld einer Schwangerschaft gilt es dank gesunder Ernährung die bestmögliche Situation zu schaffen. Ein ausreichender Vorrat an Folsäure spielt hierbei einen großen Part. Zellteilung und Wachstum des mütterlichen Gewebes sorgen für die gute Ausgangslage. Daher wird der geplante Kinderwunsch dank gesunder Ernährung und eben viel Folsäure nachweislich besser realisierbar sein.

Hinweis: Um die Gesundheit des Fötus zu unterstützen, bekommen Frauen in der Regel ein Folsäure-Zusatzpräparat von ihrem Frauenarzt verschrieben. Doch ohne vorherige Anreicherung steckt darin nicht viel Potenzial.

Für den erfüllten Kinderwunsch tragen folgende Nährstoffe eine besondere Bedeutung:

Nährstoff	*Lebensmittel*	*Wirkung*
Eisen	Hülsenfrüchte, Vollkornprodukte, rotes Fleisch	Förderung des Eisprungs
Diosgenin	Karotten, gekochte Yamswurzel	Unterstützung der Empfängnisbereitschaft, Aktivierung der Antioxidantien
Folsäure	Milchprodukte, Linsen, Nüsse, Blattgemüse	Förderung von Zellteilung, Zellwachstum
Glycyrrhizin	Grapefruit	Förderung des Eisprungs
Kalzium	Mineralwasser, Milchprodukte	Knochenstärkung, Förderung gesunder Nervenbahnen
Vitamin B6	Hühnerfleisch, Bohnen/Linsen, Salate, Kartoffeln, Keimlinge	Förderung der Empfängnisbereitschaft
Vitamin B12	Fisch/Meeresfrüchte, Eier, Milchprodukte	Förderung der Empfängnisbereitschaft
Vitamin E	Pflanzenöle, Nüsse	Förderung der Gebärmuttereinnistung
Zink	Rind-/Schweinefleisch, Fisch, Eier, Milchprodukte	Unterstützung des Regelzyklus

Kulinarische Unterstützung für Partner

Die Frau ist die Hauptfigur in einer Schwangerschaft. Aber davor hat der Mann ein Stück weit zur Erreichung des gemeinsamen Zieles beizutragen. Gerade die Qualität der Spermien spielt hierbei die entscheidende Rolle. Und durch einen Mangel an Vitamin C oder dem Fehlen ausreichender Antioxidantien wird nach Studien die Fruchtbarkeit des Mannes unnötig gesenkt. Umwelteinflüsse und beispielsweise ein Job mit überdurchschnittlichem Anteil an sitzender Tätigkeit verringern die Chancen auf eine Schwangerschaft. Während auf Ersteres nur bedingt Einfluss genommen werden kann, liegt im zweiten Aspekt schon ein gewisses Potenzial zur Verbesserung der Rahmenbedingungen. Ebenfalls wirken sich Stress und ein ungesunder Lebenswandel mit durchzechten Nächten, reichhaltigem Tabak- oder Alkoholkonsum auch auf die Fruchtbarkeit negativ aus. Und noch ein Problem: Fast Food. Die Fertigprodukte scheinen Vorteile im Zeit- und Aufwandsmanagement zu signalisieren, enthalten viel zu viel leere Kalorien und wenig Inhaltsstoffe. Sie enthalten aber leider künstliche Zusatzstoffe und einige gehärtete Fettsäuren.

Nährstoff	*Lebensmittel*	*Wirkung*
Coenzym Q10	Geflügel/Fisch, Speiseöl, Hülsenfrüchte, Nüsse	Steigerung der Spermienzahl, Förderung der Spermienbeweglichkeit
Folsäure	Milchprodukte, Linsen, Nüsse, Blattgemüse	Qualitätsverbesserung der Spermien
Kalzium	Mineralwasser, Milchprodukte	Steigerung der Fruchtbarkeit
L-Arginin	Kürbiskerne, Leber, Garnelen, Hülsenfrüchte, Nüsse	Steigerung der Spermienanzahl, Förderung der Spermienbeweglichkeit
L-Carnitin	Fische/Meeresfrüchte, getrocknete Pilze	Steigerung der Spermienzahl, Förderung der Spermienbeweglichkeit
L-Ornithin	Eier, Milchprodukte, Fleisch/Fisch	Steigerung der Spermienzahl, Verlängerung der Spermienlebensdauer
Vitamin C	Johannisbeeren, Paprika, Zitrusfrüchte, Spinat, Kartoffel	Steigerung der Spermienanzahl, Förderung der Spermienbeweglichkeit
Zink	Fleisch/Fisch, Eier, Milchprodukte	Anregung der Samenproduktion, Förderung der Spermienbeweglichkeit

Hinweis: Über- sowie Untergewicht wirkt sich nachteilig auf eine Schwangerschaft und die Zyklen aus. Dabei ist von einer Crash-Diät abzuraten. Sie nimmt zu viel Einfluss auf den Stoffwechsel sowie den Hormonhaushalt. Folglich wird eine Schwangerschaft eher vertagt als gefördert.

Frühstück

ROGGENBROT

4 Port. 15 Min. Leicht

Zutaten

250 g Kichererbsen (Dose)
200 g Roggenvollkornbrotscheiben
125 g Rote-Bete-Knollen (vorgegart)
2 Avocados
4 EL Olivenöl
1 EL Sesam (geröstet)
Je 1 Prise Salz & Pfeffer

Zubehör:
1 Standmixer
1 Toaster

Nährwerte p. P.

327 kcal
25 g Kohlenhydrate
21 g Fett
7 g Eiweiß

1 Die Rote Bete in kleine Würfeln schneiden. Im Standmixer Erbsen, Rote Bete, das Öl sowie Salz und Pfeffer fein pürieren.

2 Das Vollkornbrot toasten und mit dem Aufstrich aus Rote Bete bestreichen.

3 Die Avocados halbieren sowie von den Kernen befreien. Das Avocadofleisch aus der Schale schaben und das Fruchtfleisch in Scheiben schneiden. Die Brote mit den Scheiben belegen. Das Ganze mit dem Sesam bestreuen.

SÜßKARTOFFEL-TOASTS

4 Port.

30 Min.

Leicht

Zutaten

600 g Süßkartoffeln (2 Stück)
200 g Frischkäse
200 g Kirschtomaten
30 g Sprossen
1 Avocado
1 Frühlingszwiebel
2 EL Limettensaft
1 - 2 EL Pflanzenöl
2 TL Leinsamen
2 TL Kürbiskerne
1 TL Olivenöl
Je 1 Prise Salz & Pfeffer

Zubehör:
1 Sieb
1 Backblech
Backpapier
Backofen

Nährwerte p. P.

425 kcal
39 g Kohlenhydrate
26 g Fett
7 g Eiweiß

1 Den Backofen auf 200 Grad Celsius Ober-/Unterhitze vorheizen. Die Süßkartoffeln schälen, in circa 7 mm dicke Scheiben schneiden und auf dem mit Backpapier ausgelegtem Backblech verteilen. Jetzt das Öl darüber träufeln und je nach Größe 15 - 20 Minuten backen.

2 Die Frühlingszwiebel putzen und in dünne Ringen schneiden. Die Avocado halbieren und vom Stein befreien. Das Avocadofleisch mit einem Löffel herausschaben und anschließend in Scheiben schneiden. Die Tomaten waschen sowie halbieren. Die Sprossen waschen und im Sieb abtropfen lassen.

3 Die Süßkartoffeln aus dem Ofen nehmen, mit Salz und Pfeffer würzen und danach mit dem Frischkäse bestreichen.

4 Auf den Käse die Avocadoscheiben sowie die Tomatenhälften legen. Die übrigen Zutaten obenauf streuen.

SPINATPFANNKUCHEN-BOWL

4 Port.

25 Min.

Mittel

Zutaten

250 g Vollkornmehl
150 g Magerquark
150 g Kräuterfrischkäse
100 g Spinat
300 ml Milch (3,5 % Fett)
2 Eier
2 Möhren
1 Paprika
½ Salatgurke
½ Bund Schnittlauch
2 EL Joghurt
1 EL Rapsöl
2 Prisen Salz
1 Prise Pfeffer

Zubehör:
4 Bowl-Schüsseln
2 Schüsseln
2 Dipschüsseln
1 hoher Messbecher
1 Stabmixer
1 Schneebesen
1 Pfanne
1 Kelle

Nährwerte p. P.

346 kcal
37 g Kohlenhydrate
14 g Fett
17 g Eiweiß

1 Den Spinat ausgiebig putzen und anschließend trockenschütteln. Im hohen Messbecher die aufgeschlagenen Eier, Spinat sowie die Milch und das Salz mit dem Stabmixer pürieren.

2 In einer Schüssel das Mehl mit dem Schneebesen gut unter das Püree rühren. Den Teig nun für circa zehn Minuten quellen lassen.

3 Währenddessen den Schnittlauch waschen, trockenschütteln und in Röllchen schneiden. In der zweiten Schüssel Quark und Frischkäse vermengen. Schnittlauch, Salz und Pfeffer unterrühren. Das Gemüse putzen, waschen und in Stifte schneiden.

4 Das Öl in der Pfanne erhitzen. Mit einer Kelle vier bis sechs Pfannkuchen von beiden Seiten in circa vier bis fünf Minuten bei mittlerer Temperatur leicht anbräunen.

5 Die Hälfte der Frischkäse-Quark-Masse anschließend auf die Pfannkuchen streichen. Die Spinatpfannkuchen aufrollen und eventuell der Breite nach halbieren.

6 In einer Bowl die Röllchen und Gemüsesticks anrichten. Den Joghurt mit dem restlichen Frischkäse-Quark unterrühren und in einem Dipschälchen dazu reichen.

SMØRREBRØD

2 Port. 20 Min. Leicht

Zutaten

200 ml Wasser
2 Vollkornbrotscheiben
2 Radieschen
1 Ei
1 Goudascheibe
½ Avocado
1 TL Zitronensaft
Je 1 Prise Salz & Pfeffer

Zubehör:
1 Topf
1 Schüssel

Nährwerte p. P.

261 kcal
20 g Kohlenhydrate
16 g Fett
7 g Eiweiß

1 Das Ei einpiksen und in etwa fünf bis sechs Minuten wachsweich kochen. Das Wasser abgießen und das Ei abschrecken.

2 Die Radieschen waschen und in dünne Scheiben schneiden. Die Avocado halbieren und den Stein lösen. Das Avocadofleisch mit einem Löffel herausschaben, in Scheiben schneiden und mit dem Zitronensaft beträufeln. Anschließend mit einer Gabel in einer Schüssel zerdrücken sowie mit Salz und Pfeffer würzen.

3 Das Ei pellen und in Scheiben schneiden. Die Brotscheiben mit dem Avocadomus bestreichen. Radieschen, Käse und Ei darauflegen.

FRISCHKÄSE-OMELETT

4 Port.

20 Min.

Leicht

Zutaten

300 g Frischkäse (oder Ricotta oder Mascarpone)
10 Eier
100 ml Milch
2 EL Pflanzenbutter
Je 1 Prise Salz & Pfeffer
2 Msp. Paprikapulver (edelsüß)

Zubehör:
2 Pfannen
1 Schüssel

Nährwerte p. P.

431 kcal
7 g Kohlenhydrate
36 g Fett
21 g Eiweiß

1 Den Spinat waschen, trockenschütteln und grob zerkleinern.

2 In einer Schüssel die aufgeschlagenen Eier mit der Milch verrühren. Das Ganze salzen und pfeffern.

3 In den zwei Pfannen je einen Esslöffel Butter zerlassen. Zu gleichen Teilen die Ei-Masse darin verteilen. Wenn die Eier stocken, den Spinat darüberstreuen.

4 Nach etwa einer Minute den Frischkäse gleichmäßig verteilen. Das Omelett zusammenklappen. Bei niedriger bis mittlerer Temperatur das Omelett von beiden Seiten nochmals zwei bis drei Minuten leicht bräunen.

5 Vor dem Servieren das Paprikapulver darüberstreuen.

BROMBEER-OATS

4 Port. 40 Min. Leicht

Zutaten

200 g Brombeeren
200 g (Hokkaido-) Kürbis
100 g zarte Haferflocken
45 g Walnusskerne
200 ml Wasser
180 ml Haferdrink (oder Hafermilch)
1 Apfel
1 EL Honig
1 TL Zimt
1 TL Kokosöl
1 Prise Salz

Zubehör:
1 Topf
1 Schüssel
1 Auflaufform
1 Küchenpinsel
Backofen

Nährwerte p. P.

188 kcal
19 g Kohlenhydrate
9 g Fett
7 g Eiweiß

1 Das Wasser im Topf aufkochen und die Haferflocken in einer Schüssel damit übergießen. Zimt sowie Salz hinzufügen und alles gut durchrühren. Das Ganze nun zehn Minuten quellen lassen.

2 Die Walnüsse grob hacken. Die Brombeeren waschen und verlesen. Den Kürbis vierteln und die Kerne entfernen. Das Kürbisfleisch fein raspeln. Den Apfel waschen, vierteln sowie vom Kerngehäuse und der Blüte befreien. Den Apfel ebenfalls fein raspeln.

3 Backofen auf 180 Grad Celsius Ober-Unterhitze vorheizen. Im kleinen Topf das Kokosöl schmelzen und damit die Auflaufform einpinseln. Haferdrink und Haferflocken mit den Zutaten aus Schritt 2 in der Schüssel vermengen. Das Ganze in die Ofenform geben und mit dem Honig beträufeln. Die Oats nun 20-25 Minuten backen.

NATURRREIS-PORRIDGE

4 Port.

50 Min.

Leicht

Zutaten

180 g Rundkornnaturreis
500 ml Hafermilch (oder Haferdrink)
250 ml Wasser
½ Vanilleschote
2 Bananen
4 EL zarte Haferflocken
4 EL Kokosraspel
1 EL Ahornsirup
1 Prise Salz
1 Msp. Kardamom

Zubehör:
1 Topf

Nährwerte p. P.

173 kcal
35 g Kohlenhydrate
3 g Fett
3 g Eiweiß

1 In einem Topf Hafermilch, Wasser sowie das ausgeschabte Vanillemark aufkochen. Nun Reis und Salz hinzufügen und gut unterrühren. Den Topfinhalt zugedeckt circa 30 Minuten bei geringer Temperatur köcheln lassen. Immer wieder umrühren!

2 Kardamom und Haferflocken untermengen. Das Porridge nochmals 15 Minuten köcheln lassen, ebenfalls bei niedriger Temperatur.

3 Das Porridge in den Frühstücksschüsseln verteilen. Die Bananen schälen, in Scheiben schneiden und auf dem Haferfrühstück verteilen. Die Gaumenfreude mit Ahornsirup und Kokosraspeln garnieren.

SPEKULATIUSAUFSTRICH

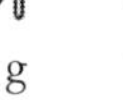
200 g

1 Std.
10 Min.

Leicht

Zutaten

100 g Cashewkerne
50 g Vollkornkeks (oder Haferkeks)
15 g Kokosöl
20 ml Haferdrink (oder Hafermilch)
2 TL Spekulatiusgewürz

Zubehör:
1 Schüssel
1 Standmixer
1 Einmachglas mit Verschluss

Nährwerte p. P.

63 kcal
5 g Kohlenhydrate
5 g Fett
2 g Eiweiß

1 Die Cashews in eine Schüssel geben, komplett mit Wasser bedecken und etwa eine Stunde einweichen lassen.

2 Der gesamte Schüsselinhalt und die restlichen Zutaten im Standmixer ganz fein pürieren. Denn Aufstrich in das heiß ausgewaschene Glas füllen. Im Kühlschrank kann es bis zu einem Monat gelagert werden.

Salate

FRUCHTIGER COUSCOUSSALAT

4 Port.

25 Min.

Leicht

Zutaten

300 g Couscous
200 g Trockenfrüchte
400 ml Gemüsebrühe
4 Frühlingszwiebeln
4 Stiele Petersilie
1 Granatapfel
2 Orangen
3 EL Olivenöl
2 EL Walnusskerne
1 TL Honig
Je 1 Prise Salz & Pfeffer

Zubehör:
2 Schüsseln
1 Topf
1 Reibe (oder Zestenreißer)

Nährwerte p. P.

351 kcal
50 g Kohlenhydrate
16 g Fett
3 g Eiweiß

1 In einem Topf die Brühe aufkochen und diese anschließend in einer Schüssel über den Couscous gießen. Das Ganze zehn Minuten quellen lassen.

2 Die Frühlingszwiebeln waschen und in feine Ringen schneiden. Die Trockenfrüchte klein schneiden. Den Granatapfel halbieren, die Kerne lösen sowie den Saft auffangen. Die Orangen heiß abwaschen, deren Schale abreiben und den Fruchtsaft auspressen.

3 In der zweiten Schüssel Orangen- und Granatapfelsaft mit Honig, Öl und Orangenschale mischen. Mit den Gewürzen abschmecken und gut verrühren. Die Walnüsse klein hacken.

4 Frühlingszwiebeln, Nüsse, das Saftdressing sowie die Trockenfrüchte unter den Couscous mischen und 15 Minuten ziehen lassen.

5 Die Petersilie waschen, trocken schütteln und fein hacken. Vor dem Servieren die Petersilie über dem Couscoussalat verteilen.

KRABBENSALAT

6 Port.

25 Min.

Leicht

Zutaten

300 g Nordseekrabben (geschält)
150 g Joghurt
100 g Magerquark
6 Vollkornbrotscheiben
3 Stiele Dill
1 rote Zwiebel
1 grüner Apfel
½ Salatgurke
½ Zitrone
Je 1 Prise Salz & Pfeffer

Zubehör:
2 Schüsseln
Backofen

Nährwerte p. P.

211 kcal
26 g Kohlenhydrate
3 g Fett
19 g Eiweiß

1 In einer Schüssel den Quark mit dem Joghurt glatt verrühren.

2 Die Gurke schälen, der Länge nach halbieren sowie deren Kerne ausschaben. Anschließend in feine Würfel schneiden. Die Zitrone heiß abwaschen, halbieren sowie in eine Schüssel auspressen. Die Zwiebel schälen und fein würfeln.

3 Den Backofen auf 200 Grad Celsius Ober-/Unterhitze vorheizen. Den Dill waschen, die Spitzen abschneiden und fein hacken. Gurke, Zwiebel und Dill unter den Quarkjoghurt rühren. Mit Salz und Pfeffer sowie zwei Esslöffeln Zitronensaft würzen. Die Krabben ebenfalls gut unterrühren.

4 Die Brotscheiben auf den Rost im Ofen legen und 4 - 5 Minuten knusprig anrösten. Vor dem Servieren abkühlen lassen.

5 Kurz vor dem Servieren den Apfel waschen, schälen, vom Kerngehäuse befreien und in feine Streifen schneiden. Die Apfelstreifen unter den Krabbensalat rühren.

ERDBEER-SPARGEL-SALAT

 4 Port.
 30 Min.
 Leicht

Zutaten

1 kg grüner Spargel
500 g Erdbeeren
150 g Feta
40 g Pinienkerne
4 Frühlingszwiebeln
1 Bund Rucola
½ Bund Basilikum
3 EL Orangensaft
3 EL weißer Balsamessig
2 EL Olivenöl
1 TL Dijonsenf
1 TL Flüssighonig
2 Prisen Salz
1 Prise Pfeffer

Zubehör:
1 Kochtopf
1 Sieb
1 Pfanne
1 große Schüssel

Nährwerte p. P.

270 kcal
7 g Kohlenhydrate
20 g Fett
15 g Eiweiß

1 Den Spargel waschen sowie von holzigen Enden befreien. Das untere Drittel der Spargelstangen schälen und anschließend der Länge nach halbieren. Im kochenden Wasser (inklusive einer Prise Salz) den Spargel nur etwa fünf Minuten garen. Das grüne Gemüse danach im Sieb mit kaltem Wasser abschrecken und abtropfen lassen.

2 In der Pfanne die Pinienkerne ohne Fett anrösten. Die Erdbeeren putzen, abspülen und in kleine Stücke schneiden.

3 Die Frühlingszwiebeln putzen und in Ringen schneiden. Rucola und Basilikum waschen und trockenschütteln. Acht Basilikumblätter zur Seite legen. Den Rest in Streifen schneiden. Den Rucola so belassen, wie er ist.

4 In einer Schüssel die übrigen Zutaten zu einem Dressing verquirlen.

5 Dem Dressing nacheinander Spargel, Frühlingszwiebeln und Pinienkerne beimengen. Danach Basilikumstreifen sowie Erdbeeren untermengen.

6 Den Feta in den Salat bröckeln. Den Salat nun auf den Rucolablättern anrichten und mit den beiseitegelegten Basilikumblättern garnieren.

MÖHREN-NUSS-SALAT

4 Port.

30 Min.

Leicht

Zutaten

100 g Erdbeeren (tiefgekühlt)
80 g Haselnusskerne
4 bunte Möhren
1 Radicchio
1 rote Zwiebel
1 Grapefruit
4 EL Olivenöl
1 EL Apfelessig
1 EL Sherryessig
1 TL Ahornsirup
1 TL Senfkörner
2 Prisen Salz
1 Prise Pfeffer

Zubehör:
1 Topf
1 Sieb
1 Pfanne
1 große Schüssel

Nährwerte p. P.

264 kcal
2 g Kohlenhydrate
27 g Fett
4 g Eiweiß

1 Die Möhren putzen, schälen und im Topf mit Wasser und einer Prise Salz etwa zehn Minuten bissfest kochen. Anschließend im Sieb abgießen, abschrecken sowie danach in Scheiben schneiden.

2 In einer heißen Pfanne die Haselnusskerne ohne Fett bei mittlerer Temperatur circa zwei Minuten rösten. Nach dem Abkühlen die Nüsse grob hacken. Radicchio putzen sowie dessen Blätter teilen. Diese waschen, trockenschleudern und in mundgerechte Stücke zupfen.

3 Die Grapefruit schälen und die Filets herausschneiden. Den Saft dabei in einer Schüssel auffangen. Die Erdbeeren der Länge nach vierteln. Zwiebel schälen und in Spalten schneiden.

4 In dieser Schüssel beide Essigsorten und je eine Prise Salz und Pfeffer untermischen. Dazu Senf, Öl und Sirup unterrühren.

5 Radicchio in der Salatschüssel verteilen. Möhren, Grapefruitfilets sowie Zwiebel und Erdbeeren darauf anrichten. Das Ganze mit den Haselnüssen bestreuen. Zum Schluss das Dressing darüber träufeln.

BROKKOLI-EI-SALAT

2 Port.

40 Min.

Leicht

Zutaten

500 g Brokkoli
150 g Joghurt
75 g Champignons
3 Eier
3 Tomaten (getrocknet)
1 Knoblauchzehe
1 EL Pinienkerne
1 TL Senf
1 TL Sesamöl
2 Prisen Salz
1 Prise Pfeffer

Zubehör:
2 Töpfe
1 Pfanne
1 Schüssel
1 Knoblauchpresse

Nährwerte p. P.

258 kcal
12 g Kohlenhydrate
13 g Fett
21 g Eiweiß

1 In einem Kochtopf die angepiksten Eier circa acht bis zehn Minuten hart kochen. Danach abgießen, abschrecken und pellen. Anschließend abkühlen lassen.

2 Den Brokkoli putzen und die Röschen lösen. Dickere Stiele klein schneiden. Die Tomaten in feinen Streifen schneiden.

3 In ein wenig gesalzenem Wasser den Brokkoli bei mittlerer Hitze etwa fünf bis sieben Minuten dünsten. Die Tomatenstreifen in den letzten drei Minuten mitdünsten. Alles gut abgießen und im Sieb abtropfen lassen.

4 Die Pinienkerne ohne Fett in der Pfanne rösten und abkühlen lassen. Die Pilze putzen und in feine Scheiben schneiden.

5 In einer Schüssel Joghurt, Öl, Senf und je eine Prise Salz und Pfeffer zu einem Dressing vermengen. Den Knoblauch durch eine Knoblauchpresse in die Joghurtschüssel pressen. Alles gut durchmischen.

6 Brokkoli, Tomaten und Pilze dem Dressing untermischen und zehn Minuten durchziehen lassen. Die Eier in Spalten schneiden und ebenfalls untermischen. Vor dem Servieren alles mit den Pinienkernen bestreuen.

Hinweis: Mit diesem Salat werden 80 Prozent des Tagesbedarfs an Pantothensäure gedeckt. Dieses B5 unterstützt die Wundheilung.

GEMÜSEMÜSLI

2 Port.

35 Min.

Leicht

Zutaten

250 g Salatgurke
200 g Joghurt
75 g 5-Korn-Flocken
3 Tomaten
2 Stiele Basilikum
1 Paprikaschote
1 EL Mandelblättchen
Je 1 Prise Salz & Pfeffer

Zubehör:
2 Schüsseln
1 Pfann

Nährwerte p. P.

209 kcal
28 g Kohlenhydrate
7 g Fett
10 g Eiweiß

1 Die Gurke intensiv abwaschen, trockenreiben und längs halbieren. Das wässrige Innere mit dem Löffel ausschaben. Danach klein würfeln.

2 In einer Schüssel die Gurkenwürfel salzen und mit den Flocken gut vermischen. Das Ganze etwa zehn Minuten durchziehen lassen.

3 In der Pfanne derweil die Mandelblättchen ohne Fett bei mittlerer Temperatur circa drei Minuten rösten und abkühlen lassen.

4 Die Paprika waschen, vierteln sowie von Häutchen und Kernen befreien. Anschließend in feine Streifen schneiden. Die Tomaten waschen, vierteln und deren Stielansatz herausschneiden. Das flüssige Innere der Tomaten entfernen und das Fleisch in Streifen schneiden.

5 Die Gemüsestreifen unter das Gurken-Müsli mischen.

6 Basilikum waschen, trockenschütteln und die Blätter abzupfen. Vier Blätter beiseitelegen. Die anderen Blätter fein hacken und mit dem Joghurt in eine weitere Schüssel geben. Müsli und Joghurt anrichten. Das Ganze mit Mandeln sowie den Basilikumblättern garnieren.

FARBENFROHER KARTOFFELSALAT

4 Port. | 1 Std. 15 Min. | Leicht

Zutaten

600 g festkochende Kartoffeln
150 ml Gemüsebrühe
2 Möhren
2 rote Zwiebeln
1 Salatgurke
1 roter Apfel
½ Bund Petersilie
3 EL Apfelessig
2 EL Pflanzenöl
1 EL Senf
1 EL Apfeldicksaft
½ TL Majoran (getrocknet)
Je 2 Prisen Salz & Pfeffer

Zubehör:
2 Töpfe
1 Schüssel
1 Gemüsereibe

Nährwerte p. P.

219 kcal
27 g Kohlenhydrate
11 g Fett
4 g Eiweiß

1 Im Kochtopf die Kartoffeln mit Schale etwa 20 - 25 Minuten garen. Danach abgießen, abschrecken und noch warm pellen.

2 Derweil die Zwiebeln schälen und in feine Würfeln schneiden. Im zweiten Topf die Brühe mit Essig, je einer Prise Salz und Pfeffer sowie Majoran und den Zwiebelwürfeln aufkochen. Anschließend Senf, Dicksaft und das Öl einrühren.

3 Die Kartoffeln in Scheiben schneiden und in eine Schüssel geben. Das Ganze mit dem heißen Dressing übergießen und circa 30 Minuten ziehen lassen. Währenddessen öfter umrühren.

4 Die Gurke putzen, der Länge nach halbieren und das wässrige Innere mit einem Löffel herauskratzen. Die Gurkenhälften in Scheiben schneiden. Die Möhren schälen, waschen und fein reiben. Den Apfel putzen, vierteln und dessen Kerngehäuse entfernen. Die Apfelviertel klein stückeln.

5 Apfel, Gurke sowie Möhre unter den Kartoffelsalat rühren. Das Ganze nochmals mit einer Prise salzen und pfeffern und den Salat nochmals zehn Minuten durchziehen lassen.

6 Die Petersilie waschen und trocken schütteln. Die Blätter abzupfen und fein hacken. Damit den Kartoffelsalat garnieren.

Suppen

TOMATENSUPPE

4 Port.

1 Std.
15 Min.

Leicht

Zutaten

650 g Tomaten
600 ml Gemüsebrühe
60 ml Schlagsahne
2 Knoblauchzehen
1 Zwiebel
4 EL Olivenöl
2 EL Tomatenmark
2 EL Crème fraîche
1 TL Honig
1 TL Oregano (getrocknet)
Je 1 Prise Salz & Pfeffer
Basilikum

Zubehör:
1 Topf
1 Standmixer

Nährwerte p. P.

326 kcal
4 g Kohlenhydrate
35 g Fett
1 g Eiweiß

1 Knoblauchzehen und Zwiebel schälen sowie fein hacken. Anschließend in einem Topf mit zwei Esslöffeln Öl bei mittlerer Temperatur für zwei bis drei Minuten anbraten.

2 Die Tomaten waschen, deren Blüte herausschneiden und in grobe Stücke schneiden. Diese mit in den Topf geben und zehn Minuten mitdünsten. Danach das Tomatenmark einrühren.

3 Die Brühe angießen und das Ganze mit den Gewürzen sowie dem Honig abschmecken. Alles auf mittlerer Stufe circa 20 Minuten köcheln lassen.

4 Die Suppe im Standmixer pürieren und über ein Sieb zurück in den Topf streichen. Jetzt die Sahne angießen und das Ganze einmal aufkochen.

5 Basilikumblätter waschen und trocknen. Die Tomatensuppe auf Teller verteilen und mit der Crème fraîche, dem übrigen Öl sowie den Basilikumblättern garnieren.

FRISCHE HÜHNER-GEMÜSE-SUPPE

 4 Port.
 50 Min.
 Mittel

Zutaten

500 g Hähnchenbrustfilet
200 g Kürbis
100 g Mais (Dose)
100 g Bulgur (oder Reis, Couscous)
30 g Tomatenmark
30 g Parmesan
1 ½ l Hühnerbrühe
3 Möhren
2 festkochende Kartoffeln
2 Stangen Staudensellerie
2 Knoblauchzehen
2 Zitronenscheiben
1 Zwiebel
1 Zucchini
½ Bund Petersilie
2 EL Zitronensaft
1 EL Olivenöl
1 TL italienische Kräuter (getrocknet)
Je 1 Prise Salz & Pfeffer

Zubehör:
1 Kochtopf
1 Reibe

Nährwerte p. P.

544 kcal
8 g Kohlenhydrate
42 g Fett
33 g Eiweiß

1 Knoblauch sowie Zwiebel schälen und in feine Würfel schneiden. Zucchini sowie Sellerie putzen und klein würfeln. Kartoffeln sowie Möhren schälen und danach klein würfeln. Kürbis von Kernen und Fasern befreien und in mundgerechte Stücke schneiden. Das Fleisch abspülen und abtrocknen.

2 Das Öl im großen Kochtopf erhitzen. Darin die Zwiebeln für zwei Minuten auf mittlerer Stufe andünsten. Nun Kartoffeln, Kürbis, Möhren und Sellerie dazugeben. Alles gut mischen, den Knoblauch hinzufügen und das Ganze vier Minuten garen.

3 Tomatenmark untermischen. Nach zwei Minuten die Brühe angießen sowie das Hähnchenfleisch dazugeben. Bei niedriger Temperatur den Topfinhalt etwa 15 Minuten köcheln lassen.

4 Die Petersilie waschen, trocknen und hacken. Den Parmesan raspeln.

5 Bulgur der Suppe untermengen. Danach Mais, Zucchinistücke und die getrockneten Kräuter daruntermischen. Je einen Esslöffel Zitronensaft und Petersilie hinzufügen. Die Kraftsuppe mit Salz und Pfeffer abschmecken und zehn Minuten köcheln lassen.

6 Das Fleisch entnehmen und in kleine Stücke schneiden. Die Hähnchenstücke wieder zurück in die Suppe geben. Das Ganze weitere fünf Minuten köcheln lassen und anschließend in Suppenschüsseln verteilen. Die Suppe mit übriger Petersilie sowie dem Parmesan bestreuen. Die Zitronenscheiben halbieren und je eine Hälfte in die Suppe tunken.

FISCHSUPPE

4 Port. 35 Min. Leicht

Zutaten

400 g Seelachsfilet
200 g Blumenkohl
200 g Möhren
200 g Kartoffeln
600 ml Gemüsebrühe
2 Tomaten
1 Zucchino
1 Zitrone
½ Bund Petersilie
1 Stiel Oregano
1 EL Olivenöl

Zubehör:
1 Schüssel
1 Topf

Nährwerte p. P.

305 kcal
20 g Kohlenhydrate
18 g Fett
17 g Eiweiß

1 Den Fisch abspülen, trocken tupfen und würfeln. Den Oregano waschen, trocknen und die Blättchen abzupfen. Die Zitrone in einer Schüssel auspressen und den Fisch sowie den Oregano dazugeben und das Ganze ruhen lassen.

2 Derweil den Blumenkohl putzen und dessen Röschen lösen. Kartoffeln und Möhren schälen und in circa 1 cm große Würfeln schneiden.

3 Das Öl in einem Topf erhitzen. Darin das Gemüse für etwa drei Minuten bei mittlerer Temperatur andünsten. Die Brühe angießen und alles bei niedriger Temperatur circa acht bis zehn Minuten köcheln lassen.

4 Den Schüsselinhalt in den Topf geben und nochmals etwa zehn Minuten köcheln lassen.

5 Tomaten und Zucchino waschen und klein schneiden. Diese ebenfalls in die Suppe geben. Die Fischsuppe fünf Minuten ziehen lassen. Die Petersilie waschen, fein hacken und zum Schluss auf die Suppe streuen.

LAUCH-KÄSE-SUPPE

4 Port.

40 Min.

Leicht

Zutaten

600 g Lauch
200 g Tofu
150 g Frischkäse
100 g Gouda
300 ml Wasser
4 Zweige Thymian
2 Knoblauchzehen
3 EL Sojasoße
2 EL Kokosöl
2 EL Olivenöl
1 EL Essig
2 TL Senf

Zubehör:
1 Topf
1 Pfanne
1 Reibe

Nährwerte p. P.

442 kcal
3 g Kohlenhydrate
41 g Fett
18 g Eiweiß

1 Den Tofu abspülen, trocknen und würfeln. In einer Schüssel aus Sojasoße, Essig und Öl eine Marinade mischen. Darin die Tofuwürfel etwa 30 Minuten ziehen lassen.

2 Den Knoblauch schälen und fein hacken. Den Lauch putzen und in Ringe schneiden. Den Thymian waschen, trockenschütteln und die Blättchen abzupfen. Ein wenig des Thymians zur Seite legen.

3 In einem Topf einen Esslöffel Kokosöl schmelzen. Lauch, Knoblauch und Thymian darin bei mittlerer Temperatur etwa zwei Minuten andünsten. Das Ganze mit dem Wasser ablöschen und zehn Minuten weiterköcheln lassen.

4 Das übrige Öl in der Pfanne erhitzen. Darin die Tofuwürfel für fünf bis acht Minuten auf mittlerer Stufe anbraten. Senf und Frischkäse der Suppe untermischen.

5 Den Gouda mit der Reibe raspeln und ebenfalls unter die Suppe rühren. Vor dem Servieren die Tofuwürfel sowie den beiseitegelegten Thymian obenauf geben.

NUSSIGE SÜßKARTOFFELSUPPE

4 Port.

45 Min.

Leicht

Zutaten

800 g Süßkartoffeln (etwa 2 Stück)
400 g Tomaten (Dose + stückig)
200 g Pak Choi (oder Mangold, Chinakohl)
60 g Erdnusskerne
40 g Joghurt
400 ml Gemüsebrühe
400 ml Kokosdrink
2 Möhren
2 Knoblauchzehen
1 Schalotte
½ rote Chilischote
½ Bund Petersilie
2 EL Olivenöl
2 EL Erdnussmus
Je 1 TL Kurkumapulver & Currypulver
1 TL schwarzer Sesam
Je 1 Prise Salz & Pfeffer

Zubehör:
1 Topf

Nährwerte p. P.

484 kcal
44 g Kohlenhydrate
29 g Fett
9 g Eiweiß

1 Möhren sowie Süßkartoffeln schälen, waschen und in kleine Würfeln schneiden. Knoblauch und Schalotte schälen sowie fein würfeln. Chili putzen, der Länge nach halbieren, von den Kernen befreien und hacken.

2 Das Öl im Topf erhitzen. Darin Chili, Schalotten und Knoblauch für etwa drei Minuten bei mittlerer Temperatur anbraten. Möhren sowie Süßkartoffelwürfel dazugeben. Das Ganze mit den Gewürzen veredeln und etwa 4 - 5 Minuten dünsten.

3 Den Topfinhalt mit Brühe ablöschen, mit Salz und Pfeffer würzen sowie mit dem Kokosdrink auffüllen. Nun die Tomaten mit in die Suppe geben und alles etwa 20 Minuten köcheln lassen.

4 Pak Choi putzen und in Streifen schneiden. Die Erdnüsse hacken. Die Petersilie waschen, trocknen und ebenfalls hacken. Pak Choi und Erdnussmus unter die Suppe mischen und 6 - 8 Minuten mitköcheln. Erst jetzt die Hälfte der gehackten Erdnüsse hinzugeben und unterrühren.

5 Die Suppe auf Tellern verteilen, mit einem Teelöffel Joghurt beträufeln und mit Petersilie, Sesam sowie den übrigen Erdnüssen garnieren.

GULASCHSUPPE

4 Port.

2 Std. 15 Min.

Leicht

Zutaten

600 g Rindfleisch
400 g festkochende Kartoffeln
300 g Zwiebeln
1 ½ l Rindfleischbrühe
3 Pfefferkörner
2 Knoblauchzehen
2 Stiele Majoran
2 rote Paprikaschoten
1 rote Chilischote
1 Lorbeerblatt
3 EL Tomatenmark
2 EL Butter
2 EL edelsüßes Paprikapulver
1 TL Kümmelsamen
Je 1 Prise Salz & Pfeffer

Zubehör:
1 Topf
1 Teefilter

Nährwerte p. P.

677 kcal
24 g Kohlenhydrate
49 g Fett
34 g Eiweiß

1 Das Fleisch waschen, abtupfen, von Knochen und Sehnen befreien und in mundgerechte Stücke schneiden. Die Kartoffeln waschen und mit Schale in kleine Stücken schneiden.

2 Zwiebeln und Knoblauch schälen. Den Knoblauch fein hacken und die Zwiebeln in feine Streifen schneiden.

3 Die Chili der Länge nach halbieren, entkernen und hacken. Die Paprikaschote waschen, halbieren, die Kerne herauslösen und in kleine Würfel schneiden.

4 Die Butter in einem Topf erhitzen. Das Fleisch darin bei großer Hitze kurz von allen Seiten anbraten. Die Rindfleischwürfel mit Paprikapulver bestreuen und alles gut umrühren. Anschließend das Fleisch entnehmen.

5 Im selben Topf Zwiebel, Knoblauch sowie Chili anbraten. Das Tomatenmark anrühren und mit dem Fond ablöschen. Anschließend das Fleisch erneut in den Topf geben und das Ganze bei mittlerer Hitze circa 1,5 Stunden schmoren.

6 Derweil Kümmel, Lorbeer und Pfefferkörner in einen Teefilter geben. Den Filter nach einer Stunde zusammen mit den Kartoffelstücken und der Paprika mit in den Gulaschtopf geben.

7 Nach der Schmorzeit die Gewürze entnehmen und die Suppe mit Salz und Pfeffer würzen. Den Majoran waschen, trockenschütteln und die abgezupften Blätter kurz vor dem Servieren auf die Suppe geben.

PAPRIKA-GAZPACHO

 4 Port.

 50 Min.

 Leicht

Zutaten

200 g rote Spitzpaprika
200 g Feta
600 ml kalte Gemüsebrühe
3 - 4 Tomaten
3 Pfirsiche
2 Salatgurken
2 Vollkornbrotscheiben
1 Kästchen Kresse
4 EL Weißweinessig
4 EL Olivenöl
4 EL Ajvar (oder Paprika- beziehungsweise Tomatenmark)
3 Prisen Salz
2 Prisen Pfeffer

Zubehör:
1 Topf
1 Stabmixer
1 Pfanne

Nährwerte p. P.

408 kcal
4 g Kohlenhydrate
40 g Fett
9 g Eiweiß

1 Die Gurken putzen, abspülen und klein würfeln. Die Tomaten waschen, deren Stielansätze herausschneiden und ebenfalls würfeln. Die Paprika putzen und halbieren. Die Kerne entnehmen und die Schote in Würfel schneiden. Je 50 g der Gemüsesorten zur Seite legen.

2 Die Pfirsiche abspülen, halbieren und vom Stein lösen. Die Früchte in mundgerechten Stücke schneiden. Ebenfalls 40 g Frucht beiseitelegen.

3 Das restliche Gemüse sowie die Pfirsichstücke mit der Brühe und Ajvar in einem Topf ansetzen. Essig, zwei Esslöffel Öl sowie eine Prise Salz daruntermischen. Das Ganze mit dem Stabmixer fein pürieren. Die Suppe mit je einer Prise salzen und pfeffern und für 30 Minuten kühl stellen.

4 Das Brot klein würfeln. In der Pfanne die Brotwürfel im restlichen Öl mit geringer Temperatur in fünf Minuten knusprig anrösten. Anschließend mit je einer Prise Salz und Pfeffer bestreuen und abkühlen lassen.

5 Den Feta grob zerbröseln und die Kresse abschneiden. Beides mit den gerösteten Brotwürfeln sowie den zur Seite gelegten Gemüse- und Pfirsichwürfeln als Garnierung auf der Suppe verteilen.

GRÜNE ENERGIESUPPE

 4 Port.

 35 Min.

 Leicht

Zutaten

400 g Spinat
280 g Erbsen
250 g mehligkochende Kartoffeln
15 g Minze
1 l Gemüsebrühe
150 ml Kokosmilch
1 Zwiebel
1 Knoblauchzehe
2 EL Olivenöl
Je 1 Prise Salz & Pfeffer
1 Msp. Muskat

Zubehör:
1 Topf
1 Stabmixer

Nährwerte p. P.

470 kcal
25 g Kohlenhydrate
37 g Fett
8 g Eiweiß

1 Die Kartoffeln schälen und grob zerkleinern. Knoblauch und Zwiebel schälen und in dünne Streifen schneiden. Den Spinat waschen, trockenschütteln und fein hacken. Die Minze abspülen, trockenschütteln und ebenso fein hacken.

2 In einem Topf das Öl erhitzen. Darin Zwiebel und Knoblauch mit großer Hitze 1 - 2 Minuten glasig andünsten. Die Kartoffeln dazugeben und alles noch weitere drei Minuten braten.

3 Die Temperatur herunterdrehen. Erbsen und Minze dazugeben und die Brühe angießen. Alles gut umrühren und den Topf aufkochen. Nun den Spinat hinzufügen und das Ganze circa zehn Minuten köcheln lassen. Die Kartoffeln müssen gar sein. Mit dem Stabmixer den Topfinhalt fein pürieren.

4 Etwa 130 ml Kokosmilch unter die Suppe rühren. Das Ganze mit den Gewürzen abschmecken. Vor dem Servieren die grüne Energiesuppe mit der restlichen Kokosmilch garnieren.

Brote

SAUERTEIGBAGUETTE

12 Port.

22 Std.
30 Min.

Mittel

Zutaten

610 g Wasser
465 g Weizenvollkornmehl
400 g Dinkelvollkornmehl
30 g Weizen-Sauerteig (Anstellgut)
19 g Salz

Zubehör:
2 Schüsseln
1 Geschirrtuch
1 Backblech
Backpapier
Backofen

Nährwerte p. P.

222 kcal
42 g Kohlenhydrate
2 g Fett
8 g Eiweiß

1 In einer Schüssel das Anstellgut und je 65 g Wasser sowie Weizenvollkornmehl miteinander verrühren. An einem warmen Standort das Ganze nun 5-6 Stunden reifen lassen.

2 Etwa eine Stunde vor Ende des Reifungsprozesses den restlichen Teig herstellen. Dafür das restliche Mehl mit dem übrigen Wasser und dem Dinkelmehl in der zweiten Schüssel mischen und kneten. Anschließend 45-60 Minuten abgedeckt ruhen lassen.

3 Beide Teigarten miteinander vermengen und gut durchkneten. Das Salz hinzufügen und weitere fünf Minuten kneten. Jetzt folgt ein zweifacher Wechsel von fünf Minuten ruhen und fünf Minuten kneten. Der Teig nun in eine feuchte Auflaufform geben und 30 Minuten abgedeckt ruhen lassen.

4 Den Teig dreimal richtig auseinanderziehen und wieder zusammenfalten. Dazwischen den Sauerteig je 30 Minuten abgedeckt ruhen lassen. Am Ende hat der Teig 1,5 Stunden in der Form geruht.

5 Den Teig über Nacht abgedeckt im Kühlschrank weiterhin ruhen lassen.

6 Am nächsten Tag den Teig aus dem Kühlschrank nehmen und für 1,5 - 2 Stunden auf Zimmertemperatur bringen.

7 Den Sauerteig auf der bemehlten Arbeitsplatte in vier Stücke teilen, mit Mehl bestäuben und nochmals abgedeckt 30 Minuten ziehen lassen.

8 Das Backblech mit dem Backpapier belegen. Nun die Teiglinge zu etwa 30 cm langen Baguettes formen und diese auf das Blech legen. Die Naht sollte nach unten zeigen. Den Teig unter einem Geschirrtuch letztmalig eine Stunde ruhen lassen.

9 Den Backofen auf 250 Grad Celsius Ober-/Unterhitze aufheizen. Die Baguettes zwei- oder dreimal der Länge nach einschneiden und vorerst etwa 15 Minuten backen. Dann die Ofentür zum Ablassen des Wasserdampfs einmal öffnen. Die Temperatur auf 220 Grad Celsius Ober-/Unterhitze senken und die Sauerteigbaguettes in weiteren 12 - 20 Minuten fertigbacken.

SALZLOSES BROT

1 Laib

3 Std. 45 Min.

Mittel

Zutaten

300 g Haferkleie
300 g Dinkelvollkornmehl
100 g geschrotete Leinsamen
1 Päckchen Trockenhefe
450 ml lauwarmes Wasser
50 ml Olivenöl
½ TL Anis
½ TL Fenchelsamen
½ TL Koriandersamen
1 Prise Bockshornklee
1 Prise Pfeffer

Zubehör:
2 Schüsseln
1 Kastenform
Mörser & Stößel
Backofen

Nährwerte p. P.

157 kcal
19 g Kohlenhydrate
6 g Fett,
5 g Eiweiß

1 Die Haferkleie in einer Schüssel mit 300 ml Wasser für 50 Minuten quellen lassen. Derweil die Gewürze im Mörser zerstoßen. Alle trockenen Zutaten nun in der zweiten Schüssel miteinander vermischen.

2 Zu der Kleie das Mehl sowie das übrige Wasser geben. Die Mischung der Trockenzutaten beimengen und das Öl angießen. Diesen elastischen Teig nun eine Stunde zugedeckt gehen lassen.

3 Den Brotteig auf der bemehlten Arbeitsfläche nun erneut durchkneten, in die Kastenform geben und weitere 30 Minuten gehen lassen.

4 Den Backofen auf 180 Grad Celsius Umluft einstellen. Das Brot etwa eine Stunde backen. Zu Beginn sollten zwei Eiswürfel auf den Ofenboden gestellt werden.

HAFERBROT

1 Laib.

1 Tag

Mittel

Zutaten

350 g Haferflocken
200 g Dinkelvollkornmehl
4 g frische Hefe
470 ml Wasser
2 EL Leinsamen
2 EL Leinöl
2 TL Salz
1 TL Fenchelsamen (frisch gemahlen)
1 TL Koriandersamen (frisch gemahlen)

Zubehör:
1 Topf
1 Standmixer
1 Schüssel
1 Tonschüssel
1 Leinentuch
1 Backblech
Backofen

Nährwerte p. P.

214 kcal
41 g Kohlenhydrate
2 g Fett
7 g Eiweiß

1 Circa 120 ml Wasser in einem Topf aufkochen und darin 50 g Haferflocken und das Salz zügig miteinander vermengen und zwölf Stunden über Nacht ruhen lassen.

2 Im Standmixer die restlichen Haferflocken zu Mehl mixen und mit dem Dinkelmehl, Leinsamen sowie 350 ml Wasser in der Schüssel zu einem Teig vermengen. Diesen bei Zimmertemperatur abgedeckt etwa 30 Minuten ziehen lassen.

3 Nun beide Teigsorten und die Samen vermischen. Leinöl sowie die Hefe unterheben. Es entsteht ein homogener Brotteig. Diesen abgedeckt weitere 30 Minuten gehen lassen. Anschließend nochmals durchkneten und in der Tonschüssel mit ausgelegtem Leinentuch für zwölf Stunden ruhen lassen. Das Tuch muss den Teig komplett umschließen.

4 Nun den Teig erneut durchkneten und nochmals eine Stunde bei Zimmertemperatur ruhen lassen.

5 Den Backofen auf 210 Grad Celsius Umluft erhitzen. Das Backblech derweil mit dem Backpapier auslegen. Darauf den Brotteig stürzen. Das Haferbrot nun eine Stunde backen. Im Ofen sollte eine Auflaufform mit Wasser stehen. Nach 15 Minuten die Herdtemperatur auf 180 Grad Celsius senken.

JOGHURTKNÄCKEBROT

2 Port. | 1 Std. 15 Min. | Leicht

Zutaten

150 g griechischer Joghurt (oder Sojaquark)
100 g Heidelbeeren
60 g Buchweizenmehl
60 g feinblättrige Haferflocken
40 g Sonnenblumenkerne
20 g geschrotete Leinsamen
20 g gekeimter Buchweizen
250 ml lauwarmes Wasser
2 EL geriebene Zartbitterschokolade
1 EL Ahornsirup (oder Agavendicksaft)
1 EL Olivenöl (oder Rapsöl)
½ TL Fleur de Sel

Zubehör:
2 Schüsseln
1 Teigschaber
1 Topf
1 Backblech
Backpapier
Backofen

Nährwerte p. P.

262 kcal
49 g Kohlenhydrate
3 g Fett
10 g Eiweiß

1 Den Backofen auf 175 Grad Celsius Ober-/Unterhitze aufheizen sowie das Backblech mit dem Backpapier auslegen.

2 In einer Schüssel Mehl, Flocken, Samen und Kerne miteinander mischen. Anschließend 200 ml Wasser und das Öl dazugeben. Es soll ein glatter Teig entstehen.

3 Den Teig mittels Teigschaber auf das Blech geben. Er sollte ein etwa 4 cm dickes Rechteck ergeben. Danach den Teig glattstreichen, mit dem Salz bestreuen und etwa fünf Minuten quellen lassen.

4 Das Knäckebrot im Ofen nun 15 Minuten backen. Die Platte anschließend in Portionen schneiden und nochmals 35 Minuten knusprig und goldbraun backen.

5 Die Heidelbeeren verlesen, mit 50 ml Wasser im Topf aufkochen und etwa vier bis fünf Minuten weiterkochen lassen. Die Flüssigkeit soll komplett eingekocht sein. Joghurt und Heidelbeeren in einer Schüssel glattrühren und die Schokolade untermischen. Zum Schluss das Ganze mit dem Sirup abschmecken.

EIWEIßBROT

1 Laib

1 Std. 40 Min.

Leicht

Zutaten

250 g Magerquark
250 g gemahlene Mandeln
130 g Leinsamen
60 g Sonnenblumenkerne
4 Eier
2 Möhren
1 ½ Päckchen Backpulver
4 EL Schmelzflocken
3 EL Haferkleie
2 EL Sojamehl
1 TL Salz
½ TL Brotgewürz

Zubehör:
1 Brotform
1 Schüssel
Backpapier
Backofen

Nährwerte p. P.

182 kcal
3 g Kohlenhydrate
15 g Fett
9 g Eiweiß

1 Den Backofen auf 160 Grad Celsius Umluft einstellen. Die Brotform mit Backpapier auslegen. Die Möhren schälen und fein reiben. In der Schüssel die aufgeschlagenen Eier mit dem Quark verrühren. Dazu sämtliche Trockenzutaten beimengen. Nun auch die Möhren dazugeben. Alles gut umrühren.

2 Den Teig in die Form geben und glattstreichen. Das Eiweißbrot nun etwa 80 Minuten backen. Zum Schluss aus der Form stürzen und auskühlen lassen.

WALNUSS-SAUERTEIG-BROT

12 Port.

23 Std. 15 Min.

Mittel

Zutaten

290 g Weizenvollkornmehl
250 g Dinkelvollkornmehl
50 g Walnusskerne
20 g Sauerteig-Anstellgut
10 g Salz
410 ml Wasser (lauwarm)
100 ml Wasser (kalt)

Zubehör:

2 Schüsseln
1 Schraubglas
1 Sieb
1 Rührschüssel
1 längliche Auflaufform
1 Backblech
Backpapier
Backofen

Nährwerte p. P.

168 kcal
27 g Kohlenhydrate
4 g Fett
6 g Eiweiß

1 In einer Schüssel das Anstellgut mit je 40 g Weizenmehl und Wasser mischen. Die Mischung für sechs Stunden im sauber ausgewaschenen Glas mit Deckel ruhen lassen. Das Volumen soll sich verdoppeln.

2 Die Walnüsse hacken und anschließend in der zweiten Schüssel circa zwei Stunden mit dem kalten Wasser quellen lassen. Danach die Nüsse abgießen und im feinen Sieb abtropfen lassen.

3 In der großen Schüssel die restlichen Mehlzutaten mit den Nüssen in circa 350 ml lauwarmem Wasser vermischen. Daraus einen Teig kneten und diesen bei Raumtemperatur 45 - 60 Minuten ziehen lassen.

4 Den Teig aus dem Glas mit dem Teig in der Schüssel vermengen. Das Salz im restlichen warmen Wasser auflösen und zum Brotteig geben.

5 Den Teig für etwa fünf Minuten kneten und danach fünf Minuten ruhen lassen. Diese Knet-Ruhe-Phasen noch dreimal wiederholen.

6 Die Auflaufform befeuchten und mit dem Teig befüllen. Den Teig in der Form nochmals 30 Minuten ziehen lassen. Anschließend mit den Händen unter die Brotmasse greifen und anheben. Die herunterhängenden Enden einfalten und alles erneut in die Form geben. Das wird ebenso dreimal wiederholt - stets mit 30 Minuten Ruhezeit. Zum Schluss den Sauerteig vor der Weiterverarbeitung 1,5 Stunden durchziehen lassen.

7 Auf der bemehlten Arbeitsplatte den Teig auseinanderziehen. Die Seiten einklappen sowie den Teig vorsichtig von oben zum Körper einrollen. Den Sauerteig in der Brotform für zwölf Stunden in den Kühlschrank stellen.

8 Den Backofen auf 250 Grad Celsius erhitzen (Achtung: Keine Umluft!). Den Laib auf das mit Backpapier ausgelegte Blech legen und mit dem Messer oben schräg einschneiden. Das Brot nun etwa 35 Minuten im Ofen backen.

ROTE-BETE-BAGELS

8 Port.

2 Std.
45 Min.

Leicht

Zutaten

300 g Weizenmehl
100 g Weizenvollkorn-mehl
200 ml Rote-Bete-Saft
1 Ei
½ Würfel Hefe
2 EL Rapsöl
2 EL schwarzer Sesam
1 EL Rohrohrzucker
2 TL Salz
1 Prise Pfeffer

Zubehör:
2 Schüsseln
1 Topf
1 Backblech
Backpapier
Backofen

Nährwerte p. P.

188 kcal
27 g Kohlenhydrate
7 g Fett
5 g Eiweiß

1 Die Hefe in eine Schüssel bröseln. Darüber den Rohrzucker streuen. Den Inhalt zehn Minuten quellen lassen, bis die Hefe flüssig wird.

2 Das Ei trennen und das Eigelb in der zweiten Schüssel mit dem Rote-Bete-Saft mischen. Danach Öl, Salz und Pfeffer untermischen. Die Hefe ebenfalls unterheben. Anschließend beide Mehlsorten untermengen und alles zu einem glatten Teig kneten. Diesen abgedeckt eine Stunde an einem warmen Standort ziehen lassen.

3 Den Teig nochmals durchkneten und in acht Portionen teilen. Diese zu einer Kugel formen und leicht plattdrücken. Mit dem Finger mittig ein Loch durchstechen und dieses gleichmäßig ausweiten. Die Bagel-Rohlinge nun weitere 30 Minuten abgedeckt an einem warmen Standort ruhen lassen.

4 Den Backofen auf 180 Grad Celsius Ober-/Unterhitze aufheizen und das Backblech mit dem Backpapier belegen. In einem Topf das Wasser aufkochen und die Bagels darin für 35-45 Sekunden schnellgaren. Anschließend abtropfen lassen und auf das Blech legen.

5 Die Bagels nun mit dem Eiweiß bestreichen und mit dem Sesam bestreuen. Anschließend im Ofen 20 Minuten backen. Die Bagels können warm oder kalt gegessen werden.

DINKEL-VOLLKORNBRÖTCHEN

10 Port.

1 Std. 35 Min.

Leicht

Zutaten

350 g Dinkelvollkornmehl
150 g Dinkelmehl (Type 1050)
355 ml Haferdrink (oder Hafermilch)
1 Päckchen Trockenbackhefe (oder ½ Würfel Frischhefe)
1 EL Haferflocken
1 TL Mohnsamen
1 TL Salz
½ TL Rohrohrzucker

Zubehör:
1 Schüssel
1 Backblech
Backpapier
Backofen

Nährwerte p. P.

168 kcal
31 g Kohlenhydrate
2 g Fett
6 g Eiweiß

1 Beide Mehle mit dem Salz in einer Schüssel vermengen. Hefe sowie Zucker dazugeben. Das Ganze mit 345 ml Haferdrink zu einem elastischen Teig verrühren und abgedeckt an einem warmen Standort etwa 30 Minuten gehen lassen.

2 Den Teig nochmals durchkneten, halbieren und anschließend zu zwei länglichen Rollen formen. Jede Rolle in fünf Stücke teilen und zu Kugeln formen. Das Backblech mit Backpapier belegen.

3 Die Teiglinge darauf positionieren und in der Mitte einschneiden. Darauf den restlichen Haferdrink träufeln. Jetzt Mohnsamen und Haferflocken auf die Brötchen streuen. Die Brötchen erneut zugedeckt 30 Minuten am warmen Standort gehen lassen.

4 Den Backofen auf 200 Grad Oberhitze einstellen. Das feuerfeste Gefäß mit Wasser füllen und in den Ofen stellen. Auf dem Blech die Dinkelbrötchen circa 15 - 20 Minuten goldgelb backen und vor dem Servieren vollkommen auskühlen lassen.

Hauptgerichte mit Fleisch & Geflügel

CURRY-HÄHNCHENBRUST

4 Port.

30 Min.

Leicht

Zutaten

500 g Hähnchenbrustfilet
200 g Spinat
150 g Quinoa (oder Hirse)
50 g Erdnusskerne (geröstet und ungesalzen)
40 g Erdnussmus
10 g Ingwerwurzel
200 ml Kokosmilch
4 Möhren
4 EL flüssiges Kokosöl
2 EL gelbe Currypaste (oder Currypulver)
2 EL Zitronensaft
1 EL Sojasauce
5 Prisen Salz
2 Prisen Pfeffer

Zubehör:
2 Schüsseln
1 Sieb
1 Topf
1 Pfanne
1 Backblech
Backpapier
Backofen

Nährwerte p. P.

531 kcal
9 g Kohlenhydrate
39 g Fett
37 g Eiweiß

1 Die Möhren schälen, abspülen sowie schräg in Scheiben schneiden. Diese in einer Schüssel mit Salz, Pfeffer und einem Esslöffel Kokosöl vermengen und anschließend auf ein Backblech mit Backpapier legen.

2 Den Backofen auf 200 Grad Celsius aufheizen. Das Hähnchenfleisch abspülen, trockentupfen und in circa 1 cm dicke Scheiben schneiden. In der zweiten Schüssel das Geflügel mit Currypaste, Zitronensaft, Salz und zwei Esslöffeln Kokosöl vermischen und zu den Möhren auf das Blech legen. Das Ganze nun etwa 20 Minuten im Ofen backen.

3 Quinoa im Sieb abspülen und im Salzwasser 12 - 15 Minuten kochen.

4 Die Erdnüsse hacken und in zwei Hälften teilen. In einem Topf das Erdnussmus, die Kokosmilch sowie die Sojasoße bei stetem Rühren etwa fünf Minuten einkochen lassen. Das Ganze mit Salz und Pfeffer abschmecken. Jetzt die Hälfte der Erdnüsse untermischen.

5 Den Spinat waschen und trockenschütteln. Den Ingwer schälen und fein hacken. In der Pfanne das übrige Öl erhitzen. Darin den Ingwer eine Minute andünsten. Den Spinat hinzufügen und dünsten, bis er zerfällt. Anschließend mit Salz würzen. Spinat mit Quinoa, Möhren und Hähnchen anrichten. Das Ganze mit dem Rest Erdnüssen bestreuen. Die Soße separat reichen oder über die Speise geben.

SCHNITZEL TOSKANA

4 Port.

35 Min.

Leicht

Zutaten

600 g Hähnchenbrustfilet (etwa 4 Stück)
400 g Zucchini
200 g Cherrytomaten
150 g Mozzarella (1 Kugel)
50 g Schlagsahne
½ Bund Basilikum
4 EL Basilikum-Pesto
1 EL Olivenöl
Je 2 Prisen Salz & Pfeffer

Zubehör:
1 Pfanne
1 Auflaufform
1 Reibe
1 Schüssel
Backofen

Nährwerte p. P.

324 kcal
4 g Kohlenhydrate
17 g Fett
42 g Eiweiß

1 Das Fleisch abspülen und abtrocknen. Anschließend mit Salz und Pfeffer einreiben. In der Pfanne das Öl erhitzen und das Hähnchenfleisch von beiden Seiten je zwei Minuten bräunen, in eine Auflaufform legen sowie mit dem Pesto bestreichen.

2 Die Zucchini waschen und grob raspeln. Die Tomaten waschen, vierteln und einige zur Seite legen. Das Basilikum waschen, trockenschütteln und dessen Blätter zupfen. In einer Schüssel Tomaten, Zucchini, Basilikum und Sahne miteinander vermischen. Alles salzen sowie pfeffern. Das Ganze über den Hähnchenschnitzeln verteilen.

3 Den Backofen auf 180 Grad Celsius aufheizen. Mozzarella abspülen, abtrocknen und in dünne Scheiben schneiden. Die Käsescheiben auf den Schnitzeln verteilen. Nun alles für 15 - 20 Minuten im Ofen backen.

4 Das Gericht aus dem Backofen nehmen und mit den restlichen frischen Tomaten garnieren.

GEFLÜGELROULADE

6 Port.

1 Std. 50 Min.

Leicht

Zutaten

1 kg Putenbrustfilet (für Rollbraten vorbereitet)
1 kg Romatomaten
500 g Spinat
200 g Frischkäse
30 g Parmesan (am Stück)
6 Thymianzweige
2 Dinkelbrotscheiben (altbacken)
2 Knoblauchzehen
2 EL Olivenöl
1 Handvoll Basilikum
1 Handvoll Petersilie
Je 3 Prisen Salz & Pfeffer

Zubehör:
1 Topf
1 Sieb
1 Reibe
1 Standmixer
1 Bräter
Küchengarn
Backofen

Nährwerte p. P.

546 kcal
12 g Kohlenhydrate
25 g Fett
69 g Eiweiß

1 Die Putenbrust abspülen, abtrocknen, ausbreiten und flachklopfen. Das Fleisch nun salzen und pfeffern.

2 Den Spinat waschen sowie nass im Topf etwa zwei Minuten garen, bis er zusammenfällt. Anschließend im Sieb abtropfen lassen. Den Spinat nun ausdrücken und grob hacken. Die Kräuter waschen, trockenschütteln und die Spitzen sowie Blättchen hacken. Einige Thymianspitzen zur Seite legen.

3 Den Knoblauch schälen und fein hacken. Den Hartkäse mit der Reibe raspeln. Das Dinkelbrot von der Rinde befreien und mit den Kräutern, Knoblauch und dem Spinat fein mixen. Frischkäse sowie Parmesan unterrühren. Alles salzen und pfeffern.

4 Die Stielansätze der Tomaten herauslösen. Ein wenig Wasser aufkochen und die Tomaten damit überbrühen. Danach die Tomaten häuten, vierteln sowie vom flüssigen Inneren befreien.

5 Das Putenfleisch mit den Tomatenstücken belegen. Das Ganze salzen und pfeffern. Jetzt die Kräutermasse darauf verteilen. Das Fleisch eng aufrollen und mit Küchengarn fixieren.

6 Den Backofen auf 180 Grad Celsius Oberhitze vorheizen. Das Öl im Bräter erhitzen. Darin den Rollbraten nun goldbraun auf der Herdplatte anbraten. Anschließend eine Stunde im Ofen garen. Es sollte stets ein wenig Wasser angegossen werden. Zum Schluss den Braten in Scheiben schneiden und mit den restlichen Thymianspitzen garnieren.

SESAMHÄHNCHEN

4 Port.

1 Std.
45 Min.

Leicht

Zutaten

650 g Rotkohl
600 g Hähnchenbrustfilet
10 g Ingwerwurzel
2 Möhren
2 Limetten
2 Eiweiß
1 Salatgurke
5 EL Rapsöl
3 EL Kokosflocken
Je 2 EL Sesam & schwarzer Sesam
2 EL saure Sahne
1 EL Limettensaft
1 TL Chilipulver
1 TL Honig
Je 2 Prisen Salz & Pfeffer

Zubehör:
2 Schüsseln
2 tiefe Teller
1 ofenfeste Pfanne
Backofen

Nährwerte p. P.

342 kcal
8 g Kohlenhydrate
18 g Fett
37 g Eiweiß

1 Den Rotkohl putzen, die äußeren Blätter entfernen und den Strunk herausschneiden. Anschließend in feine Streifen schneiden und in eine Schüssel geben. Möhren sowie Gurke putzen und in feine Scheiben schneiden. Den Ingwer schälen und hacken.

2 In der zweiten Schüssel zwei Esslöffel Öl, Limettensaft und Ingwer mit Salz und Pfeffer vermischen. Dann den Honig und das Chilipulver unterrühren.

3 Den Rotkohl mit dem Dressing übergießen. Der Kohl sollte nun mehrere Minuten per Hand durchgeknetet werden. Wenn er weich ist, Gurke und Möhre untermischen. Den Salat zugedeckt bei Raumtemperatur etwa 1,5 Stunden ruhen lassen.

4 Das Hähnchenfleisch abspülen, abtrocknen und der Länge nach in 3 cm breite Streifen schneiden. Im ersten tiefen Teller das Eiweiß verquirlen. Im zweiten beide Sesamsorten mit den Kokosflocken mischen.

5 Den Backofen auf 200 Grad Celsius Ober-/Unterhitze aufheizen. Das Fleisch mit Salz und Pfeffer einreiben. Dann beidseitig durch das Eiweiß ziehen und in der Sesammischung wenden. In der Pfanne das restliche Öl erwärmen und das Hähnchenfleisch darin fünf Minuten anbraten.

6 Das Fleisch wenden und die Pfanne in den Ofen schieben. Das Geflügel darin weitere zehn Minuten garen. Derweil den Rotkohlsalat salzen und pfeffern. Die Limetten heiß abspülen, abtrocknen und anschließend halbieren. Die Hähnchenstreifen mit dem Salat und den Limettenhälften anrichten. Die saure Sahne dazu reichen oder über das Fleisch träufeln.

CHILI CON CARNE

4 Port.

1 Std.
45 Min.

Leicht

Zutaten

600 g Rinderhackfleisch
500 g festkochende Kartoffeln
400 g Tomaten (Dose und stückig)
200 g Kidneybohnen (Dose)
200 g weiße Bohnen (Dose)
500 ml Fleischbrühe
2 Stiele Koriander
1 Zwiebel
1 Knoblauchzehe
1 rote Chilischote
4 EL Olivenöl
1 EL Tomatenmark
1 TL Vollrohrzucker
1 TL Kreuzkümmel (frisch gemahlen)
Je 2 Prisen Salz & Pfeffer

Zubehör:
1 Topf
1 Sieb
1 Backblech
Backofen

Nährwerte p. P.

558 kcal
28 g Kohlenhydrate
31 g Fett
40 g Eiweiß

1 Knoblauch und Zwiebel schälen und fein würfeln. Die Chili putzen, halbieren, deren Kerne herauslösen und anschließend klein schneiden.

2 In einem Topf zwei Esslöffel Öl erhitzen und darin das Hackfleisch unter stetem Rühren krümelig braten. Nach einer leichten Bräunung des Fleisches Zwiebel und Knoblauch hinzufügen. Nach etwa drei Minuten das Tomatenmark unterrühren.

3 Das Ganze mit dem Fond ablöschen. Die Tomaten dazugeben und alles etwa eine Stunde zugedeckt köcheln lassen. Den Topfinhalt gelegentlich umrühren. Es darf auch Brühe zugegeben werden.

4 Den Backofen auf 180 Grad Celsius Ober-/Unterhitze aufheizen. Die Kartoffeln schälen, abspülen und in Spalten schneiden. Diese auf dem Backblech verteilen und mit dem übrigen Öl beträufeln. Die Kartoffelspalten salzen sowie pfeffern und bei gelegentlichem Wenden 25 Minuten backen.

5 Die Bohnen im Sieb abtropfen lassen und 15 Minuten vor Garende dem Chili zugeben. Den Koriander waschen, trocknen sowie die Blätter abzupfen. Alles mit Salz, Pfeffer, Kreuzkümmel und Zucker würzen. Nun wird der Koriander untergerührt. Chili con Carne mit Ofenkartoffeln reichen.

HACKFLEISCHAUFLAUF

 4 Port.

 45 Min.

 Leicht

Zutaten

400 g Hackfleisch
400 g Pizzatomaten (etwa 1 Dose)
400 g Chilibohnen (etwa 1 Dose)
285 g Mais (etwa 1 Dose)
125 g Mozzarella
80 g schwarze Oliven (ohne Stein)
2 Zwiebeln
2 Knoblauchzehen
1 rote Paprikaschote
1 rote Chilischote
3 EL Tomatenmark
1 EL Pflanzenöl
½ TL Kreuzkümmel (frisch gemahlen)
½ TL Koriander (frisch gemahlen)
1 Prise Salz

Zubehör:
1 Pfanne
1 Sieb
1 Auflaufform
Backofen

Nährwerte p. P.

431 kcal
9 g Kohlenhydrate
30 g Fett
32 g Eiweiß

1 In der Pfanne das Hackfleisch im Öl krümelig braten. Derweil den Mais im Sieb abtropfen lassen.

2 Zwiebeln und den Knoblauch schälen und fein würfeln. Die Paprika putzen, die Kerne herauslösen und ebenfalls würfeln. Die Chili der Länge nach aufschneiden, entkernen und in feine Streifen schneiden. Die Oliven in Ringe schneiden.

3 Den Backofen auf 200 Grad Celsius vorheizen. Knoblauch und Zwiebel dem Fleisch beimengen. Nach etwa zwei Minuten Koriander, Kreuzkümmel und Tomatenmark dazugeben.

4 Nach zwei weiteren Minuten Paprika und Chili unterrühren. Mais, Bohnen, Pizzatomaten und die Oliven mit der Hackpfanne mischen. Alles kurz aufkochen, salzen, anschließend in die Auflaufform geben und etwa 15 Minuten im Ofen backen.

5 Mozzarella abtropfen lassen und in Würfel schneiden. Diese nun auf dem Auflauf verteilen und das Ganze nun noch weitere zehn Minuten backen. Der Käse sollte geschmolzen sein.

LAMMRAGOUT

4 Port. | 2 Std. 45 Min. | Leicht

Zutaten

500 g Lammschulter (ausgelöst; ohne Knochen)
480 g Kichererbsen (etwa 1 Dose)
400 g große Tomaten
400 ml Gemüsebrühe
5 getrocknete Feigen
2 Stiele Minze
2 rote Zwiebeln
2 Knoblauchzehen
1 Limette
2 EL Olivenöl
2 EL Joghurt
1 EL Harissa (arab. Würzpaste oder Sambal Oelek)
Je 1 TL Koriandersamen, Fenchelsamen & Kreuzkümmelsamen
1 TL Tahini (Sesampaste oder Nussmus)
1 TL grobes Meersalz
½ TL Pfefferkörner
½ TL Zimt

Zubehör:
1 Pfanne
1 Topf
1 Sieb
1 Schale

Nährwerte p. P.

447 kcal
27 g Kohlenhydrate
22 g Fett
32 g Eiweiß

1 In einer Pfanne die Samen fünf Minuten auf mittlerer Stufe rösten. Anschließend mit grobem Meersalz und den Pfefferkörnern im Mörser zerstoßen.

2 Knoblauch und Zwiebeln schälen sowie grob hacken. Das Lamm abspülen, abtrocknen und in 2 cm große Würfel schneiden. Das Öl im großen Topf erhitzen und die Lammwürfel fünf bis sieben Minuten braten. Samen, Zwiebel und Knoblauch dazugeben und alles fünf Minuten dünsten.

3 Die Kichererbsen im Sieb abtropfen lassen. Die Tomaten putzen, deren Stielansatz entfernen und in grobe Stücke schneiden. Die Feigen zu Streifen verarbeiten.

4 Die Zutaten aus Schritt 3 plus Zimt zur Lammpfanne geben. Alles weitere vier Minuten dünsten und anschließend mit der Brühe ablöschen. Nach einmaligem Aufkochen, alles zugedeckt in etwa eine Stunde und 45 Minuten garen.

5 Die Limette heiß abspülen, abtrocknen und die Schale abreiben. Danach die Limette halbieren und den Saft in die Lammpfanne pressen. Dazu Harissa geben und alles 15 Minuten köcheln lassen.

6 Die Minze waschen, abtrocknen und klein hacken. In einer Schale Minze, Limettenschale und Joghurt miteinander vermischen. Nun die Sesampaste unterrühren. Das Lammragout und separat das Joghurtdressing servieren.

RINDFLEISCHEINTOPF

4 Port.

2 Std.

Leicht

Zutaten

600 g Rindfleisch
300 g festkochende Kartoffeln
150 g Knollensellerie
400 ml Fleischbrühe
5 Stiele Thymian
4 Tomaten
4 Vollkorntoastscheiben
2 Zwiebeln
2 Möhren
1 Petersilienwurzel
1 Steckrübe
1 Zimtstange
3 EL Pflanzenöl
2 EL edelsüßes Paprikapulver
1 EL Tomatenmark
1 EL Mehl
Je 1 Prise Salz, Pfeffer & Piment

Zubehör:
1 Kochtopf

Nährwerte p. P.

501 kcal
38 g Kohlenhydrate
22 g Fett
37 g Eiweiß

1 Sämtliches Gemüse und die Zwiebeln schälen und würfeln. Das Fleisch abspülen, abtrocknen und mundgerecht zerteilen. Das Rindfleisch portionsweise im heißen Öl in einem Topf anbraten und jeweils entnehmen.

2 Das Gemüse im Bratfett zwei Minuten anbraten. Tomatenmark, Paprikapulver sowie Piment dazugeben. Alles mit Mehl bestäuben und mit der Brühe ablöschen. Jetzt das Fleisch erneut in den Topf geben und alles aufkochen.

3 Die Tomaten waschen, den Stielansatz herausschneiden und würfeln. Diese mit Salz und Pfeffer zum Rindfleischtopf geben. Zimt und Thymian ebenfalls dazugeben. Den Eintopf zugedeckt etwa 1,5 Stunden schmoren lassen. Gelegentlich sollte umgerührt werden. Vor dem Servieren Zimt und Thymianzweige entnehmen.

4 Die Vollkornscheiben im Toaster kross erwärmen und zum Eintopf reichen.

Hauptspeisen mit Fisch & Meeresfrüchten

KABELJAU AUF GEMÜSEPÜREE

4 Port.

30 Min.

Leicht

Zutaten

400 g Brokkoli
200 g Erbsen
150 ml Milch
125 ml Gemüsebrühe
4 Kabeljaufilets
2 Stiele Minze
1 Schalotte
1 Knoblauchzehe
½ Zitrone
3 EL Rapsöl
1 EL Schmand
1 EL Dinkelvollkornmehl
½ TL Fenchelsamen
½ TL Koriandersamen
Je 3 Prisen Salz & Pfeffer
1 Prise Muskatnuss (frisch gerieben)

Zubehör:
2 Schüsseln
1 Topf
1 Pfanne
Mörser & Stößel

Nährwerte p. P.

323 kcal
9 g Kohlenhydrate
17 g Fett
34 g Eiweiß

1 Den Brokkoli putzen und in Röschen teilen. Knoblauch und Schalotte schälen und hacken.

2 In einem Topf einen Esslöffel Öl erhitzen. Darin den Knoblauch und die Schalotte für etwa zwei Minuten dünsten. Danach den Brokkoli drei bis fünf Minuten mitdünsten.

3 Die Brühe angießen und das Ganze bei niedriger Temperatur zugedeckt circa zehn Minuten köcheln lassen. Anschließend die Erbsen dazugeben und fünf Minuten mitköcheln lassen.

4 Die Zitrone heiß abspülen und abtrocknen. Die Schale abreiben sowie die Zitrone halbieren und in eine Schüssel auspressen. Den Fisch abspülen, trockentupfen und mit dem Zitronensaft beträufeln. Den Kabeljau nun fünf Minuten ziehen lassen.

5 In der Pfanne das restliche Öl erhitzen. Die im Mörser zerstoßenen Samen darin circa zwei Minuten rösten. Den Fisch abtupfen und in Mehl wälzen. Die Kabeljaufilets nun je drei Minuten von beiden Seiten braten.

6 Die Temperatur reduzieren und den Fisch mit Zitronensaft sowie je einer Prise Salz und Pfeffer würzen und etwa fünf Minuten zugedeckt garen.

7 Die Minze waschen, trockenschütteln und hacken. In einer Schüssel Brokkoli, Erbsen und Schmand miteinander vermischen. Je eine Prise Salz und Pfeffer sowie die Minze untermischen und alles fein pürieren.

8 Die Milch mit je einer Prise Salz, Pfeffer und Muskat erhitzen. Das Gemüsepüree auf den Tellern anrichten. Die Fischfilets darauflegen und mit dem Milchschaum beträufeln.

SESAMLACHS

4 Port. 25 Min. Leicht

Zutaten

600 g Brokkoli
480 g Lachsfilet (etwa 8 Stücke)
30 g Sesam
15 g Ingwer
250 ml Wasser
50 ml Gemüsebrühe
1 Knoblauchzehe
1 Limette
2 EL Sesamöl
2 EL Limettensaft
1 EL Kokosöl
3 Prisen Salz
2 Prisen Pfeffer

Zubehör:
1 Kochtopf
1 Sieb
1 Reibe
1 Pfanne
1 Schüssel
1 Backblech (oder ofenfeste Form)
Backofen

Nährwerte p. P.

435 kcal
2 g Kohlenhydrate
35 g Fett
30 g Eiweiß

1 Den Brokkoli putzen und in einzelne Röschen teilen. Diese für 4 - 5 Minuten im Kochtopf mit Salzwasser garen. Anschließend im Sieb abgießen und abtropfen lassen.

2 Den Knoblauch schälen und fein hacken. Ingwer schälen und fein reiben. Den Lachs abspülen und abtrocknen. Den Fisch mit je einer Prise Salz und Pfeffer einreiben. Den Sesam als Mantel um den Fisch legen.

3 Den Backofen auf 100 Grad Celsius Ober-/Unterhitze vorheizen. In der Pfanne das Kokosöl erhitzen und den Lachs darin erst auf der Hautseite goldbraun braten. Danach wenden und ebenfalls goldbraun braten.

4 Auf dem Backblech die Filets zehn Minuten garen lassen. Bitte keine Umluft!

5 Sesamöl in der gesäuberten Pfanne erhitzen. Ingwer sowie Knoblauch anbraten. Den Brokkoli dazugeben und alles mit der Gemüsebrühe ablöschen. Die Limette heiß abspülen, halbieren und eine Hälfte in eine Schüssel auspressen. Das Ganze nun mit Salz, Pfeffer und Limettensaft abschmecken.

6 Die andere Limettenhälfte in Spalten schneiden. Zwei Fischfilets mit dem Gemüse sowie den Limetten anrichten.

LACHSGRATIN

6 Port.

1 Std.
15 Min.

Leicht

Zutaten

800 g festkochende Kartoffeln
250 g Graved Lachs
40 g Butter
20 g Vollkornweizenmehl
450 ml Milch
1 TL Zitronensaft
1 TL Dill (getrocknet)
Je 1 Prise Salz, Pfeffer & Muskatnuss (frisch gerieben)

Zubehör:
1 Topf
1 Auflaufform
1 Backofen

Nährwerte p. P.

272 kcal
32 g Kohlenhydrate
9 g Fett
17 g Eiweiß

1 In einem Topf etwa 20 g Butter zerlassen. Darin das Mehl anschwitzen. Jetzt die Milch langsam bei stetem Rühren zugeben und alles etwa zehn Minuten bei geringer Temperatur köcheln lassen.

2 Es soll eine cremige Soße entstehen. Diese mit je einer Prise Salz, Pfeffer und Muskat würzen. Die Béchamel mit Zitronensaft abschmecken und den Dill unterrühren.

3 Die Ofenform einfetten. Den Lachs in grobe Stücke schneiden. Die Kartoffeln schälen, abwaschen und in dünne Scheiben schneiden.

4 Den Backofen auf 200 Grad Celsius Ober-/Unterhitze aufheizen. Derweil die Hälfte der Soße in die Auflaufform geben. Das Ganze mit Kartoffelscheiben belegen. Darauf den Lachs verteilen. Den Inhalt erneut mit Soße bedecken und alle Zutaten im Schichtsystem auflegen. Mit der Kartoffelschicht abschließen.

5 Aus der restlichen Butter Flocken schneiden und diese auf dem Gratin verteilen. Das Gratin circa 50 Minuten goldbraun backen.

OFENFISCH

 4 Port.

 45 Min.

 Leicht

Zutaten

800 g Kabeljaufilets (etwa 4 Filets à 200 g)
300 g Reiscuisine (oder veganer Sahneersatz)
250 g Frühlingszwiebeln
150 g Champignons
150 ml Fischfond
100 ml Gemüsebrühe
1 Schalotte
1 Knoblauchzehe
2 EL Butter
1 EL Dinkelvollkornmehl
Je 1 Prise Salz & Pfeffer

Zubehör:
1 Pfanne
1 Auflaufform
Backpapier
Backofen

Nährwerte p. P.

453 kcal
4 g Kohlenhydrate
30 g Fett
42 g Eiweiß

1 Knoblauch und Schalotte schälen und fein würfeln. Frühlingszwiebeln putzen und in grobe Stücken schneiden. Die Pilze putzen und nach Größe halbieren. Den Fisch abspülen und abtupfen.

2 In der Pfanne die Butter schmelzen und darin die Schalotte und den Knoblauch zwei Minuten dünsten. Das Mehl unterrühren und nach zwei Minuten die Brühe angießen. Alles nun etwa fünf Minuten bei mittlerer Hitze köcheln lassen.

3 Den Backofen auf 200 Grad Celsius Ober-/Unterhitze erwärmen. Fischfond, Reiscuisine, Pilze und die Frühlingszwiebeln in die Pfanne geben und das Ganze aufkochen. Mit Salz und Pfeffer würzen und nochmals fünf Minuten köcheln.

4 Die Filets in die Auflaufform geben und die Gemüsesoße darübergießen. Die Form mit Backpapier abdecken und den Fisch für circa 15 Minuten im Ofen garen.

FISCHNUGGETS

4 Port.

40 Min.

Leicht

Zutaten

800 g mehligkochende Kartoffeln
700 g Fischfilet
120 g Vollkorn-Semmelbrösel
200 ml warme Milch
1 Bund Basilikum
4 EL Olivenöl
2 EL Senf
Je 2 Prisen Salz & Pfeffer

Zubehör:
1 Kochtopf
1 Schüssel
1 Kartoffelstampfer
1 Stabmixer
1 Pfanne

Nährwerte p. P.

544 kcal
47 g Kohlenhydrate
23 g Fett
37 g Eiweiß

1 Die Kartoffeln schälen und klein schneiden. Im Kochtopf mit Salzwasser etwa 15 Minuten garen.

2 Basilikum waschen, abtrocknen sowie fein hacken. Die Hälfte des Basilikums in einer Schüssel mit den Bröseln mischen.

3 Den Fisch abspülen, abtupfen und in Medaillons schneiden. Die Filets salzen und pfeffern. Anschließend mit Senf einreiben und danach in den Basilikumbröseln wenden.

4 Die Kartoffeln mit dem Stampfer zerdrücken. Im Topf die Milch, das übrige Basilikum und zwei Esslöffel Öl mit dem Stabmixer pürieren. Darunter den Kartoffelstampf rühren. Das Ganze mit Salz und Pfeffer abschmecken.

5 In der Pfanne das restliche Öl erhitzen. Die Fischfilets fünf Minuten von jeder Seite knusprig braten. Die Fischnuggets auf dem Kartoffelpüree anrichten.

BRASILIANISCHER FISCHTOPF

4 Port.

45 Min.

Leicht

Zutaten

400 g weißes Fischfilet (Kabeljau, Heilbutt oder Seeteufel)
400 g Tomaten
200 g Garnelen (ohne Kopf und Schale)
150 g Zwiebeln
1 l Geflügelbrühe
200 ml Kokoswasser
4 Knoblauchzehen
2 rote Chilischoten
Je 1 rote, gelbe & grüne Paprikaschote
1 Stange Staudensellerie
1 Limette
1 Bund Frühlingszwiebeln
1 Bund Koriander
1 Stück Ingwer (etwa 2 cm)
2 EL Öl
1 EL Kreuzkümmel (gemahlen)
Je 1 Prise Salz & Pfeffer

Zubehör:
1 Kochtopf

Nährwerte p. P.

472 kcal
5 g Kohlenhydrate
38 g Fett
28 g Eiweiß

1 Knoblauch schälen und in feine Scheiben schneiden. Zwiebeln schälen und fein würfeln. Sellerie putzen und notfalls von Fäden befreien. Anschließend in Würfeln schneiden. Die Frühlingszwiebeln putzen und in dünne Scheiben schneiden.

2 Die Paprika putzen, halbieren, entkernen und in etwa 1 cm große Würfel schneiden. Die Chili waschen, der Länge nach halbieren, deren Kerne entfernen und fein hacken. Die Tomaten waschen, den Stielansatz herausschneiden und die Tomaten vierteln. Das flüssige Innere mit den Kernen entfernen.

3 Im großen Topf das Öl erhitzen. Knoblauch und Zwiebeln zwei Minuten andünsten. Paprika und Sellerie dazugeben. Das Ganze unter konstantem Rühren fünf Minuten dünsten. Jetzt Chili und Tomaten hinzufügen. Nach einer Minute alles salzen und pfeffern. Ingwer schälen, fein hacken und dazugeben.

4 Brühe und Kokoswasser angießen. Kreuzkümmel untermengen und alles aufkochen. Danach den Topfinhalt zehn Minuten auf niedriger Stufe köcheln lassen. Die Limette heiß abspülen, abtrocknen und halbieren. Daraus drei Esslöffel Limettensaft in einer Schüssel auffangen.

5 Den Koriander waschen, trockenschütteln und die Blätter abzupfen. Die Fischfilets abspülen und trockentupfen.

6 Nun die Garnelen mit in den Topf geben. Anschließend den Fisch dazugeben und alles etwa fünf Minuten köcheln. Den Fischtopf abschließend mit dem Limettensaft, Koriander und den Frühlingszwiebeln abschmecken.

SCAMPI

2 Port.

1 Std.

Leicht

Zutaten

300 g Tomaten
200 g Auberginen
125 g Mozzarella
50 ml Gemüsebrühe
8 küchenfertige Scampi
2 Zweige Thymian
1 Knoblauchzehe
1 Zwiebel
1 Chilischote
1 Bund Schnittlauch
½ Zitrone
2 EL Olivenöl
Je 1 Prise Salz & Pfeffer

Zubehör:
3 Schüsseln
1 Auflaufform
1 Pfanne
Backofen

Nährwerte p. P.

516 kcal
7 g Kohlenhydrate
31 g Fett
54 g Eiweiß

1 Eventuell müssen die Darmfäden entnommen werden. Dafür die Rückseite aufschneiden und die dunklen Fäden herausziehen. Scampi abspülen und abtupfen.

2 Die Chili der Länge nach halbieren und von den Kernen befreien. Die Schote danach fein hacken. In einer Schüssel Chili mit einem Esslöffel Öl mischen. Die Scampi darin zugedeckt im Kühlschrank für 45 Minuten marinieren.

3 Zwiebel sowie Knoblauch schälen und fein hacken. Den Schnittlauch waschen, abtrocknen und in Röllchen schneiden. Thymian waschen, trockenschütteln und die Blätter abzupfen. Tomaten und Auberginen waschen, in dünne Scheiben schneiden und in der Auflaufform schichten.

4 Die Zitrone heiß abspülen, abtrocknen und den Saft einer Hälfte in eine Schüssel pressen. Den Saft mit der Gemüsebrühe vermischen.

5 Den Backofen auf 180 Grad Celsius Ober-/Unterhitze bringen. In einer weiteren Schüssel Zwiebel, Thymian, Knoblauch und die Hälfte der Schnittlauchröllchen mit dem übrigen Öl vermischen. Alles gut salzen und pfeffern. Die Flüssigkeit über die Tomaten- und Auberginenscheiben gießen.

6 Das Ganze nun 25 Minuten garen. Derweil den Mozzarella abtropfen lassen und in Scheiben schneiden. Anschließend den Käse auf dem Gemüse verteilen und alles weitere 15 Minuten goldbraun backen.

7 Die Scampi in einer Pfanne mit dem Chiliöl etwa vier bis fünf Minuten braten, auf dem Ofengemüse arrangieren und mit dem restlichen Schnittlauch garnieren.

LACHSWRAPS

4 Port.

1 Std.
45 Min.

Leicht

Zutaten

200 g Weizenvollkornmehl
150 g Räucherlachs (in Scheiben)
100 g Joghurt
2 Avocados
1 Möhre
¼ Eisbergsalat
¼ Bund Petersilie
2 EL Butterschmalz
2 EL Zitronensaft
½ TL Salz

Zubehör:
1 Schüssel
1 Reibe
1 Pfanne
1 Küchentuch

Nährwerte p. P.

463 kcal
32 g Kohlenhydrate
29 g Fett
15 g Eiweiß

1 Die Petersilie waschen, trocknen und hacken. In einer Schüssel das Mehl, Salz, das weiche Butterschmalz und die Petersilie zu einem homogenen Teig kneten. Nach Vorlieben zur Konsistenz mit Wasser oder mehr Mehl anpassen. Den Teig in Frischhaltefolie wickeln und eine Stunde zur Seite legen.

2 Den Salat putzen und in Streifen schneiden. Die Möhre schälen und mit der Reibe raspeln. Die Avocados halbieren und vom Stein trennen. Mit einem Löffel das Avocadofleisch herauskratzen und anschließend in Scheiben schneiden. Die Avocado mit dem Zitronensaft beträufeln.

3 Den Teig vierteln und auf der bemehlten Arbeitsfläche richtig dünn ausrollen. In der Pfanne die Teigfladen ohne Fett etwa ein bis zwei Minuten von jeder Seite backen. Mögliche Blasen mit einem feuchten Küchentuch plattdrücken. Im feuchten Tuch bleiben die Tortillas möglichst flexibel.

4 Den Wrapteig mit Joghurt bestreichen und mit Salat belegen. Anschließend den Lachs dazugeben. Möhrenraspel und Avocadoscheiben hinzufügen. Nun die Tortillas zu einem Wrap zusammenrollen und in der Mitte diagonal halbieren.

KARTOFFEL-FRITTATA

6 Port.

55 Min.

Leicht

Zutaten

800 g festkochende Kartoffeln
150 g Feta
50 g Manchego (oder Pecorino)
7 Eier
4 Stiele Petersilie
2 Zwiebeln
2 rote Paprikaschoten
4 EL Olivenöl
Je 1 Prise Salz & Pfeffer

Zubehör:
6 Zahnstocher
1 Bräter
1 Schüssel
Backofen

Nährwerte p. P.

393 kcal
24 g Kohlenhydrate
26 g Fett
16 g Eiweiß

1 Die Kartoffeln schälen und in dünne Scheiben schneiden. Die Zwiebel schälen und fein würfeln. Die Paprika putzen, halbieren, deren Kerne sowie Häutchen herauslösen und würfeln. Den Käse grob reiben. Die Petersilie waschen, trocknen und hacken.

2 In einem Bräter das Öl erhitzen und die Kartoffeln mit geschlossenem Deckel bei niedriger Temperatur circa zehn Minuten braten und gelegentlich umrühren. Danach Zwiebeln und Paprika hinzugeben. Das Ganze weitere vier bis fünf Minuten braten.

3 Den Backofen auf 180 Grad Celsius Oberhitze einstellen. Die Eier in einer Schüssel samt Petersilie, Salz und Pfeffer verquirlen. Manchego und Feta unterheben und alles über dem Gemüse verteilen. Die Speise nun im Ofen 18 - 20 Minuten backen.

4 Die Frittata entnehmen, in große Stücke schneiden und mit Zahnstochern fixiert auf einer Platte anrichten.

POWER-BRATKARTOFFELN

4 Port. 35 Min. Leicht

Zutaten

1 kg festkochende Pellkartoffeln (vom Vortag)
4 Eier
1 Vollkornbrötchen (am besten vom Vortag)
1 Bund Radieschen
½ Bund Schnittlauch
4 EL Rapsöl
3 EL Apfelessig
2 TL körniger Senf
Je 3 Prisen Salz & Pfeffer

Zubehör:
3 Pfannen
1 große Schüssel

Nährwerte p. P.

423 kcal
52 g Kohlenhydrate
18 g Fett
13 g Eiweiß

1 Zu Beginn das Brötchen klein würfeln und mit einem Esslöffel Öl in der Pfanne drei bis fünf Minuten bei mittlerer Temperatur bräunen.

2 Die Radieschen putzen und in feine Stifte schneiden. Zu den Radieschen eine Prise Salz und Pfeffer, Essig sowie Senf geben und alles durchziehen lassen.

3 Die Kartoffeln pellen und in Scheiben schneiden. Anschließend die Kartoffeln in einem Esslöffel Rapsöl fünf bis sieben Minuten von beiden Seiten leicht anbraten. Währenddessen empfiehlt sich das Schwenken des Pfanneninhalts. Die Bratkartoffeln mit je einer Prise Salz und Pfeffer abschmecken.

4 In der letzten Pfanne das übrige Öl erhitzen. Die Eier aufschlagen und in circa vier Minuten zu Spiegeleiern braten. Auch diese mit je einer Prise Salz und Pfeffer würzen.

5 Den Schnittlauch waschen, trockenschütteln und in Röllchen schneiden. Die Kartoffeln etwa fünf Minuten abkühlen lassen und noch warm den Radieschen beimengen. Den Salat vor dem Servieren mit den Schnittlauchröllchen garnieren.

MÖHREN-TAGLIATELLE

4 Port.

35 Min.

Leicht

Zutaten

800 g Möhren
250 g Kirschtomaten
80 g Rucola
50 g Pinienkerne
30 g Parmesan
100 ml Gemüsebrühe
3 Stiele Oregano
½ Bund Basilikum
4 EL Olivenöl
Je 1 Prise Salz & Pfeffer

Zubehör:
1 Pfanne
1 Reibe
1 Sparschäler
Mörser & Stößel

Nährwerte p. P.

298 kcal
12 g Kohlenhydrate
23 g Fett
10 g Eiweiß

1 In einer Pfanne die Pinienkerne ohne Fett anrösten. Basilikum waschen, trocknen und dessen Blättchen abzupfen. Den Käse mit der Reibe raspeln. Im Mörser die Hälfte der Pinienkerne mit dem Basilikum zerstoßen. Danach den Parmesan beimengen.

2 Die Möhren putzen, schälen und mittels Sparschäler in schmale Streifen schneiden. Rucola und Oregano waschen und trockenschleudern.

3 In der Pfanne das Öl erhitzen und die Möhren-Tagliatelle auf mittlerer Stufe vier bis fünf Minuten braten. Das Ganze mit der Brühe ablöschen und bei gelegentlichem Rühren etwa fünf Minuten schmoren. Die Flüssigkeit soll komplett verkochen.

4 Die Tomaten waschen und vierteln. Die Tagliatelle salzen und pfeffern. Nun die übrigen Pinienkerne und die Tomaten dazugeben und alles nun zwei Minuten dünsten. Die Tagliatelle mit dem Rucola anrichten und mit den Oreganoblättern sowie dem Basilikum-Mix garnieren.

HONIG-OFENTOMATEN

 4 Port.  30 Min.  Leicht

Zutaten

500 g Fleischtomate
125 g italienischer Frischkäse (Mozzarella, Burrata oder Ricotta)
40 g Pistazien
1 Handvoll Minze
2 EL Balsamessig
1 EL flüssiger Honig
1 EL Olivenöl
1 Prise Salz

Zubehör:
1 Ofenform
1 Schüssel
Backofen

Nährwerte p. P.

258 kcal
10 g Kohlenhydrate
22 g Fett
7 g Eiweiß

1 Die Tomaten waschen, halbieren und mit der Schnittfläche nach oben in die Ofenform legen.

2 Den Backofen auf 180 Grad Celsius Umluft vorheizen. In einer Schüssel Olivenöl, Salz und Balsamessig mit dem Honig vermengen. Die Soße auf die Tomaten streichen und etwa 20 Minuten im Ofen backen.

3 Die Minze waschen, trocknen und die abgezupften Blättchen in Streifen schneiden. Die Pistazien grob hacken und den Frischkäse zerrupfen.

4 Die Tomaten aus dem Ofen nehmen und mit dem Käse belegen. Darauf die Minze und die Pistazien verteilen.

FRÜHLINGSRISOTTO

 2 Port.

 30 Min.

 Leicht

Zutaten

400 g grüner Spargel
180 g Risottoreis
60 g Parmesan
650 ml Gemüsebrühe
½ rote Zwiebel
½ Bund Radieschen
½ Bund Dill
2 EL Olivenöl
2 TL Kapern
Je 1 Prise Salz & Pfeffer
1 Spritzer Zitronensaft

Zubehör:
1 Topf
1 Reibe
1 Pfanne

Nährwerte p. P.

410 kcal
21 g Kohlenhydrate
32 g Fett
10 g Eiweiß

1 Die Zwiebel schälen und in Streifen schneiden. In einem Topf einen Esslöffel Öl erhitzen. Reis und Zwiebeln etwa eine Minute darin dünsten. Die Kapern dazugeben und mit wenig Brühe ablöschen. Unter gelegentlichem Rühren das Ganze 20 Minuten köcheln lassen. Nach und nach die Brühe angießen - immer, wenn der Reis die Flüssigkeit komplett aufgesaugt hat.

2 Den Parmesan reiben. Die Hälfte des Käses zum Risotto geben. Den Topfinhalt pfeffern und mit Zitronensaft beträufeln. Anschließend mit geschlossenem Deckel zur Seite stellen.

3 Radieschen und Spargel putzen. Die holzigen Spargelenden entfernen. Die Radieschen vierteln.

4 Im übrigen Öl das Gemüse drei bis vier Minuten auf mittlerer Stufe braten. Dabei stetig wenden und in der letzten Minute salzen. Den Dill waschen, trocknen und sehr grob hacken.

5 Das Risotto anrichten. Das Gemüse darauf verteilen und die Speise mit dem übrigen Käse sowie dem Dill garnieren.

Vegane Hauptgerichte

PASTA MIT SPARGEL

4 Port.

30 Min.

Leicht

Zutaten

500 g Eiertomaten
400 g vegane Vollkorn-Penne
400 g grüner Spargel
100 ml Gemüsebrühe
1 Knoblauchzehe
1 Bund Rucola
2 EL Olivenöl
Je 1 Prise Chilipulver, Salz & Pfeffer

Zubehör:
1 Topf
1 Pfanne
1 Sieb

Nährwerte p. P.

448 kcal
75 g Kohlenhydrate
10 g Fett
14 g Eiweiß

1 Den Spargel putzen und das untere Drittel schälen. Die holzigen Enden abschneiden und die Spargelstangen in circa 3 cm lange Stücke schneiden. Den Knoblauch schälen und fein hacken. Die Tomaten waschen und in grobe Stücke schneiden.

2 Die Nudeln im Salzwasser gemäß Anleitung bissfest garen.

3 Derweil das Öl in der Pfanne erhitzen. Spargel, Knoblauch und Chili auf hoher Stufe zwei Minuten anbraten. Anschließend die Brühe angießen sowie die Tomaten hinzufügen. Auf kleiner Stufe das Ganze abgedeckt etwa fünf Minuten garen.

4 Den Rucola waschen, trocknen und klein zupfen. Die Nudeln im Sieb abtropfen lassen. Diese samt Rucola unter die Spargelmischung rühren. Alles salzen und pfeffern.

GEMÜSECURRY

4 Port.

50 Min.

Leicht

Zutaten

1 kg Petersilienwurzeln
800 g festkochende Kartoffeln
500 g Möhren
20 g Ingwer
500 ml Gemüsebrühe
400 ml Kokosmilch
2 Stangen Lauch
2 Knoblauchzehen
2 Zweige Rosmarin
1 rote Chilischote
½ Bund Koriander
4 EL Olivenöl
2 EL Currypulver
1 EL Zitronensaft
1 Prise Salz

Zubehör:
1 Schüssel
1 Topf
1 Backblech
Backpapier
Backofen

Nährwerte p. P.

650 kcal
42 g Kohlenhydrate
49 g Fett
7 g Eiweiß

1 Den Backofen auf 200 Grad Celsius Ober-/Unterhitze vorheizen und anschließend das Backblech mit Backpapier belegen. Die Kartoffeln putzen und in Spalten schneiden. Die Spalten in einer Schüssel mit in zwei Esslöffel Öl mischen. Diese dann auf das Blech geben und 15 Minuten im Ofen backen.

2 Den Rosmarin waschen, trockenschütteln und die Nadeln lösen. Diese ebenfalls auf dem Kartoffelblech verteilen. Das Ganze nun weitere zehn Minuten garem.

3 Möhren und Petersilienwurzeln schälen und mundgerecht stückeln. Den Lauch putzen, halbieren und in Ringen schneiden. Ingwer sowie Knoblauch schälen und fein hacken. Die Chilischote putzen, halbieren und ebenfalls fein hacken.

4 Das übrige Öl im Topf erhitzen. Ingwer, Chili und Knoblauch darin bei mittlerer Temperatur etwa zwei bis drei Minuten dünsten. Das Gemüse dazugeben und drei bis fünf Minuten mitdünsten. Das Currypulver aufstreuen und das Ganze mit der Milch sowie der Brühe ablöschen.

5 Alles salzen und mischen. Den Topfinhalt etwa 15 Minuten köcheln lassen. Das Gemüse sollte bissfest bleiben. Mit dem Zitronensaft abschmecken.

6 Den Koriander waschen, trockenschütteln und hacken. Das Curry mit dem Koriander garnieren und dazu die Kartoffelspalten servieren.

VEGANE QUARKKEULCHEN

4 Port.

35 Min.

Mittel

Zutaten

600 g Kartoffeln
130 g Dinkelvollkornmehl
500 ml Wasser
2 Äpfel
4 EL Sojaquark
4 EL Vollrohrzucker
3 EL Rosinen
2 EL Sojamehl
2 EL Rapsöl
1 EL Limettensaft
1 Prise Salz
1 Prise Zimt

Zubehör:
1 Kochtopf
1 Kartoffelpresse
1 Schüssel
1 Topf

Nährwerte p. P.

361 kcal
61 g Kohlenhydrate
9 g Fett
7 g Eiweiß

1 Die Kartoffeln im Kochtopf mit 450 ml Wasser 15 - 20 Minuten garkochen. Anschließend abgießen und abkühlen lassen. Die Kartoffeln pellen und in eine Schüssel pressen.

2 Dazu zwei Esslöffel Zucker, Quark und die Rosinen geben und unterheben. Beide Mehlsorten sowie Salz und Limettensaft hinzufügen. Alles gut durchmischen. Es soll ein glatter Teig entstehen.

3 Mit angefeuchteten Händen zwölf Plätzchen aus dem Teig formen. Diese beidseitig auf mittlerer Stufe etwa fünf Minuten goldgelb braten.

4 Die Äpfel waschen, halbieren sowie von der Blüte und dem Kerngehäuse befreien und anschließend klein schneiden. Die Äpfel im kleinen Topf mit einem Esslöffel Zucker sowie dem Zimt circa 6 - 8 Minuten andünsten. 50 ml Wasser hinzugeben und das Ganze weitere fünf Minuten köcheln lassen.

5 Die Quarkkeulchen mit dem Apfelkompott dünn bedecken und den übrigen Zucker darüberstreuen.

VEGANER MILCHREIS

 4 Port.

 40 Min.

 Leicht

Zutaten

220 g Rundkornreis
700 ml Haferdrink (oder Hafermilch, Milchalternative)
4 EL Vollrohrzucker
2 EL Sojacreme
1 EL Margarine (vegan)
½ TL Zitronenschalenabrieb
1 Msp. Vanillepulver
1 Prise Zimt

Zubehör:
1 Topf

Nährwerte p. P.

198 kcal
41 g Kohlenhydrate
3 g Fett
3 g Eiweiß

1 In einem Topf den Haferdrink, die Margarine sowie zwei Esslöffel des Zuckers miteinander vermengen. Das Ganze aufkochen.

2 Den Reis dazugeben und etwa 25 Minuten bei niedriger Temperatur köcheln lassen. Den Milchreis anschließend vom Herd nehmen und zehn Minuten quellen lassen.

3 Die Zitronenschale und die Sojacreme unterrühren. Den restlichen Zucker sowie den Zimt auf den Milchreis streuen. Es darf auch gern vermischt werden.

PANIERTE STEINPILZE

4 Port.

45 Min.

Leicht

Zutaten

800 g Kartoffeln
600 g Steinpilze
200 ml Pflanzenöl
8 EL Semmelbrösel
4 EL Mehl
3 EL Wasser
1 EL Petersilie
Je 1 Prise Salz & Pfeffer

Zubehör:
2 Schüsseln
1 Topf
1 Schaumlöffel
1 Backblech
Backofen

Nährwerte p. P.

430 kcal
37 g Kohlenhydrate
25 g Fett
15 g Eiweiß

1 Den Backofen auf 160 Grad Celsius Ober-/Unterhitze vorheizen. Die Kartoffeln putzen und in Scheiben schneiden. Diese dann auf das Blech legen und mit einem Esslöffel Öl beträufeln. Anschließend etwa 15 Minuten im Ofen backen.

2 Derweil die Pilze putzen. Das Mehl in eine Schüssel geben und mit dem Wasser und je einer Prise Salz und Pfeffer vermischen. Die Semmelbrösel in die zweite Schüssel geben.

3 Die Pilze nacheinander erst durch das Mehl und dann durch die Semmelbrösel ziehen. Anschließend die Pilze im heißen Öl in einem Topf portionsweise für 4 - 6 Minuten frittieren.

4 Die Petersilie auf den Kartoffeln verteilen. Das Blech im Backofen lassen. Die Pilze mit dem Schaumlöffel aus dem Topf nehmen und auf dem Küchenpapier abtropfen lassen. Zum Schluss alles servieren.

GETREIDESTRUDEL

8 Port.

1 Std.
45 Min.

Leicht

Zutaten

300 g Kartoffeln
200 g Brokkoli
100 g Lauch
100 g veganer Käse
75 g Dinkelvollkornmehl
50 g Weizenvollkornmehl
50 g Haferflocken
50 g Roggenflocken
2 EL Leinsamen
2 TL Salz
1 TL Pfeffer
1 EL Sesam
2 TL Öl
1 Prise Muskat (frisch gerieben)

Zubehör:
4 Schüsseln
1 Topf
1 Pfanne
1 Backblech
Backpapier
Backofen

Nährwerte p. P.

200 kcal
29 g Kohlenhydrate
5 g Fett
10 g Eiweiß

1 In einer Schüssel die beiden Mehlsorten mit einem Teelöffel Öl und einem Viertel Teelöffel Salz vermischen. Den Teig nun etwa 20 Minuten abgedeckt an einem warmen Standort ruhen lassen.

2 Die Kartoffeln putzen, schälen und in kleine Würfel schneiden. Diese im Kochtopf mit dem restlichen Salz acht bis zehn Minuten garen. Den Brokkoli putzen und in Röschen teilen. In den letzten zwei Minuten den Brokkoli zu den Kartoffeln geben. Das Gemüse entnehmen und in die zweite Schüssel geben.

3 Die Getreideflocken in der dritten Schüssel mit dem Kochwasser übergießen. Das Ganze etwa 30 Minuten quellen lassen. Die Flocken ausdrücken und dem Gemüse beimengen. In der vierten Schüssel die Leinsamen in ein wenig Wasser quellen lassen.

4 Den Lauch putzen, klein schneiden und im restlichen Öl in der Pfanne anbraten. Den geriebenen Käse unter den warmen Lauch mengen. Anschließend den Pfanneninhalt mit dem Gemüse mischen. Das Ganze wird mit Pfeffer und Muskat gewürzt.

5 Derweil den Strudelteig sehr dünn auswalken. Den Teig dafür mehrfach auseinanderziehen und über Kreuz zusammenfalten. Das geschieht in vier Gängen mit jeweils 15 Minuten Ruhezeit dazwischen.

6 Den Backofen auf 180 Grad Celsius Umluft vorheizen. Das Backblech mit dem Backpapier belegen. Den Strudelteig letztmalig ausrollen und mit der Gemüsemasse füllen.

7 Den Strudel zusammenrollen, mit dem gequollenen Leinsamen bestreichen und mit dem Sesam bestreuen. Den Gemüsestrudel nun 25 Minuten im Ofen backen.

LINSEN-CURRY

4 Port.

1 Std.

Leicht

Zutaten

250 g gelbe Linsen
20 g Ingwer
600 ml Gemüsebrühe
400 ml Kokosmilch
2 Vollkorntoastscheiben
1 Zwiebel
1 Möhre
1 gelbe Paprikaschote
1 Limette
1 Handvoll Koriandergrün
2 EL Sesamöl
2 EL vegane Butter
1 EL Currypulver
Je 1 Prise Salz & Pfeffer

Zubehör:
1 Topf
1 Pfanne
1 Stabmixer
Küchenpapier

Nährwerte p. P.

613 kcal
37 g Kohlenhydrate
42 g Fett,
18 g Eiweiß

1 Ingwer und Zwiebel schälen und fein hacken. Die Möhre schälen und in kleine Würfel schneiden. Die Paprika abspülen, entkernen und anschließend würfeln.

2 In der Pfanne Zwiebel und Ingwer im heißen Sesamöl glasig andünsten. Paprika sowie Möhre dazugeben. Das Ganze mit dem Curry bestreuen und gut umrühren.

3 Kokosmilch und Brühe hinzugießen und den Pfanneninhalt aufkochen. Die Linsen waschen, zum Curry geben und bei niedriger Temperatur 15 - 18 Minuten köcheln lassen.

4 Den Toast entrinden und klein würfeln. Die Würfel in der Pfanne in der zerlassenen Butter goldbraun anbraten und auf dem Küchenpapier abtropfen lassen.

5 5. Derweil die Limette heiß abwaschen, halbieren und in das Curry pressen. Danach salzen und pfeffern.

6 Die Korianderblätter waschen, trocknen und mit den Croûtons auf das Linsen-Curry geben.

Fingerfood & Snacks

GRANOLA (ZUCKERFREI)

10 Port.

1 Std.

Leicht

Zutaten

100 g kernige Haferflocken
100 g zarte Haferflocken
50 g Leinsamen (geschrotet)
50 g Nussmischung
50 g Datteln (getrocknet + ohne Stein)
2 reife Bananen
3 EL schwarze Johannisbeeren
2 EL Sesam
1 TL Zimt
1 Prise Salz

Zubehör:
2 Schüsseln
1 Backblech
Backpapier
Backofen

Nährwerte p. P.

165 kcal
20 g Kohlenhydrate
8 g Fett
5 g Eiweiß

1 In einer Schüssel beide Haferflockenarten, Leinsamen und Sesam vermischen. Die Nüsse klein hacken. Die Datteln in kleine Stücke schneiden. Datteln und Nüsse zu der Haferflockenmischung geben.

2 Den Backofen auf 180 Grad Celsius Ober-/Unterhitze vorheizen sowie das Backblech mit Backpapier belegen. Die Bananen schälen, klein schneiden und in der zweiten Schüssel mit der Gabel zerdrücken. Das Ganze mit Salz und Zimt abschmecken. Danach die Inhalte beider Schüsseln miteinander vermengen.

3 Die Granola-Masse gleichmäßig auf dem Blech verteilen und für 30 Minuten im Ofen backen. Das Ganze alle zehn Minuten wenden.

4 Die schwarzen Johannisbeeren dem Granola untermengen und bei offener Ofentür etwa zehn Minuten auskühlen lassen.

FRENCH TOAST

2 Port.

15 Min.

Leicht

Zutaten

300 g Pfirsiche
4 Vollkorntoastscheiben
2 Eier
3 EL Milch (3,5 % Fett)
3 TL Butter
3 TL Honig

Zubehör:
1 kleine Schüssel
1 flache Auflaufform (oder Backblech)
1 kleine Pfanne
1 große Pfanne

Nährwerte p. P.

375 kcal
20 g Kohlenhydrate
29 g Fett
10 g Eiweiß

1 In einer kleinen Schüssel die aufgeschlagenen Eier mit der Milch verquirlen. Die Mischung nun in die flache Auflaufform geben. Die Brotscheiben hineinlegen. Sie sollen nun die Eiermilch aufsaugen.

2 Die Pfirsiche waschen, halbieren sowie vom Kern befreien. Die Früchte in Spalten schneiden. In der Pfanne einen Teelöffel Butter erhitzen und die Fruchtspalten mit einem Teelöffel Honig darin etwa zwei bis vier Minuten bei mittlerer Temperatur braten. Umrühren nicht vergessen!

3 In der großen Pfanne die übrige Butter schmelzen. Darin die Toastscheiben beidseitig goldbraun anbraten.

4 Die fertigen French Toasts mit dem restlichen Honig beträufeln und darauf die Pfirsichspalten legen.

Tipp: Dazu passt ein gesunder Dip: In einer Schüssel 125 g Magerquark mit 50 g Ziegenfrischkäse verrühren. 2 TL Hagebuttenmark darüber auftragen. Zugunsten der Optik den Dip mit Hilfe eines Holzspießes mit einem Muster verzieren.

GEMÜSE-FRITTEN

4 Port.

45 Min.

Leicht

Zutaten

1 kg Gemüse (z. B. lila Kartoffeln, Möhren, Knollensellerie, Rote Bete, Süßkartoffeln)
150 g Äpfel
80 g Tomatenmark
2 Zweige Thymian
1 Zwiebel
4 EL Olivenöl
Je 2 Prisen Salz & Pfeffer

Zubehör:
1 Topf
1 Sieb
1 Schüssel
1 Stabmixer
1 Backblech
Backpapier
Backofen

Nährwerte p. P.

339 kcal
43 g Kohlenhydrate
16 g Fett
5 g Eiweiß

1 Das Gemüse putzen, schälen, abspülen und in etwa fingerdicke Stifte schneiden. Diese nun im kochenden Salzwasser etwa zwei Minuten garen. Anschließend im Sieb kalt abschrecken und abtropfen lassen.

2 Den Backofen auf 180 Grad Celsius Oberhitze vorheizen. Den Thymian waschen, trockenschütteln und dessen Blätter abzupfen. In der Schüssel die Gemüsesticks und die Thymianblättchen mit drei Esslöffeln Öl sowie Salz und Pfeffer mischen.

3 Das Backblech mit Backpapier belegen, die Sticks darauf verteilen und etwa 30 Minuten goldbraun backen. Zwischendurch müssen mehrfach wenden. In den letzten fünf Minuten die Herdtemperatur auf 220 Grad Celsius erhöhen. So werden sie schön braun.

4 Die Äpfel putzen, vierteln sowie das Kerngehäuse entfernen. Die Zwiebel schälen und mit den Apfelvierteln klein zurechtschneiden.

5 Im Topf Apfel und Zwiebel im restlichen Öl für fünf Minuten andünsten. Das Tomatenmark und circa drei Esslöffel Wasser dazugeben. Das Ganze salzen und pfeffern und nun auf mittlerer Hitze noch weitere fünf Minuten einköcheln lassen. Zum Schluss den Ketchup mit dem Stabmixer pürieren und zu den Gemüse-Fritten reichen.

HÜTTENKÄSE-EIERKUCHEN

4 Port.

10 Min.

Leicht

Zutaten

500 g Erdbeeren
400 g Hüttenkäse
125 g Dinkelmehl
4 Stiele Zitronenmelisse
3 Eier
½ Zitrone
2 EL Rohrohrzucker
2 TL Backpulver
2 TL Butter
2 Msp. Vanillepulver
1 Prise Salz

Zubehör:
2 Schüsseln
1 Pfanne
1 hoher Messbecher
1 Stabmixer

Nährwerte p. P.

269 kcal
23 g Kohlenhydrate
11 g Fett
21 g Eiweiß

1 Die Eier aufschlagen und in einer Schüssel miteinander verrühren. Die Zitrone heiß waschen, abtrocknen sowie die Schale mit der Reibe fein abziehen. Danach den Saft in die Schüssel mit Eiern auspressen. Hüttenkäse sowie Schalenabrieb ebenfalls untermischen.

2 In der zweiten Schüssel Mehl und Backpulver vermischen. Einen Esslöffel Zucker, das Salz sowie das Vanillepulver dazugeben und alles gut mischen. Diesen Mix ebenfalls zu den Eiern geben. Alles ordentlich durchmischen.

3 In der Pfanne bei mittlerer Temperatur je einen Teelöffel Butter erhitzen und jeweils vier Pancakes drei bis vier Minuten goldbraun backen.

4 Die Erdbeeren putzen sowie abspülen. Circa ein Drittel der Erdbeeren klein schneiden und zur Seite legen. In einem Messbecher den Zucker und die restlichen Erdbeeren mit dem Stabmixer pürieren. Die Zitronenmelisse putzen sowie deren Blätter abzupfen.

5 Vor dem Servieren das Erdbeerpüree auf die Pancakes geben. Darauf die Blätter der Zitronenmelisse sowie die beiseitegelegten Erdbeerstücke verteilen.

WAFFELN

16 Port.

40 Min.

Mittel

Zutaten

450 g Dinkelvollkornmehl
140 g feiner Vollrohrzucker
75 g Butter
600 ml Milch
3 Eier
2 TL Zimtpulver
1 TL Backpulver

Zubehör:
2 Schüsseln
1 Sieb
1 Topf
1 Waffeleisen
1 kleine Küchenkelle

Nährwerte p. P.

207 kcal
29 g Kohlenhydrate
8 g Fett
6 g Eiweiß

1 Das Backpulver, den Zimt und das Mehl mittels Siebes in eine Schüssel sieben. Darunter den Zucker mischen. Die Eier trennen.

2 Im kleinen Topf die Butter zerlassen. Diese in der zweiten Schüssel mit der Milch und den Eigelben gut verrühren. Die Masse in die Mehlschüssel geben. Alles ausgiebig zu einem glatten Teig rühren.

3 Die Eiweiße in einer sauberen Schüssel steif schlagen. Den Eischnee sanft unter den Teig heben.

4 Das Waffeleisen aufheizen und etwas einfetten. Mit einer kleinen Kelle kleine Portionen Teig auf das Eisen geben und die Waffeln goldgelb backen.

ARME RITTER

 2 Port.
 25 Min.
 Leicht

Zutaten

125 g Magerquark
50 g Ziegenfrischkäse
4 Vollkorntoastscheiben
2 Pfirsiche
2 Eier
1 Rosmarinzweig
½ Limette
3 EL Milch
3 TL Butter
3 TL Honig

Zubehör:
2 Schüsseln
2 Pfannen
1 längliche Auflaufform

Nährwerte p. P.

359 kcal
39 g Kohlenhydrate
15 g Fett
19 g Eiweiß

1 In einer Schüssel die Milch und die aufgeschlagenen Eier verquirlen. Diese Masse in der Auflaufform verteilen und den Toast hineinlegen, vollsaugen lassen, wenden und die restliche Milch aufsaugen lassen. Die Schüssel auswaschen.

2 Die Pfirsiche waschen, halbieren sowie vom Stein befreien. Anschließend in Scheiben schneiden. Den Rosmarin waschen und trockenschütteln.

3 In der Pfanne einen Teelöffel Butter schmelzen. Darin bei starker Hitze den Rosmarin mit den Pfirsichen und dem Honig etwa zwei Minuten anbraten. Den Pfanneninhalt dabei regelmäßig umrühren. Nun vom Herd nehmen und den Rosmarinzweig entfernen.

4 Die übrige Butter in der zweiten Pfanne zerlassen. Die Toastscheiben von beiden Seiten je vier Minuten bei mittlerer Temperatur goldbraun anbraten.

5 Die Limette heiß waschen, abtrocknen und die Schale fein abreiben. Den Saft in eine Schüssel pressen. In der letzten Schüssel Quark, Käse und den Schalenabrieb vermischen.

6 Die armen Ritter mit den süßen Pfirsichen und dem Käse-Quark-Dip servieren.

Desserts

ERDBEER-GAZPACHO

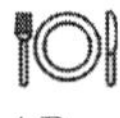 4 Port.

 15 Min.

 Leicht

Zutaten

500 g Erdbeeren
200 ml Tomatensaft
2 Frühlingszwiebeln
1 rote Paprikaschote
1 Chilischote
½ Bund Minze
¼ Wassermelone
2 EL Zitronensaft
Je 1 Prise Salz & Pfeffer

Zubehör:
1 Standmixer

Nährwerte p. P.

113 kcal
21 g Kohlenhydrate
1 g Fett
3 g Eiweiß

1 Die Erdbeeren waschen und halbieren. Die Melone aufschneiden, von den Kernen befreien und in grobe Stücke schneiden.

2 Die Paprika waschen, halbieren sowie deren Kerne und Häutchen entnehmen und anschließend klein schneiden. Die Chili waschen und in kleine Stücken schneiden. Die Frühlingszwiebeln putzen und ebenfalls klein schneiden. Die Minze waschen, trockenschütteln und die abgezupften Blätter grob hacken.

3 In einem Standmixer alle bisher verarbeiteten Zutaten plus Zitronen- und Tomatensaft püriert. Es soll eine suppengleiche Konsistenz entstehen. Unter Umständen muss mit Wasser verdünnt werden.

4 Das Ganze salzen und pfeffern. Nochmals mischen und in Schälchen verteilen.

RHABARBERKOMPOTT

4 Port.

25 Min.

Leicht

Zutaten

400 g Rhabarber
400 g (griechischer) Joghurt
50 g Flüssighonig
100 ml Wasser
1 Zitrone
1 Zimtstange
½ Vanilleschote

Zubehör:
2 Schüsseln
1 Topf

Nährwerte p. P.

171 kcal
15 g Kohlenhydrate
11 g Fett
4 g Eiweiß

1 Den Rhabarber putzen, eventuell von sichtbaren Fäden befreien und in zwei bis drei Zentimeter lange Stücke schneiden. Die Zitrone in einen Topf pressen.

2 Den Saft mit dem Rhabarber, der Zimtstange sowie 30 g Honig vermengen. Das Ganze mit etwas Wasser aufkochen und etwa fünf Minuten weiterköcheln lassen. Die Fruchtmasse in einer Schüssel abkühlen lassen. Die Zimtstange entnehmen.

3 Die Vanilleschote der Länge nach aufschneiden. Das Mark mit einem Messer herauskratzen. Joghurt und Vanillemark mit dem übrigen Honig in der zweiten Schüssel mischen.

4 Nun abwechselnd Joghurt und Kompott in die Dessertgläser schichten.

MANGO-SORBET

4 Port.

1,5 Std.

Leicht

Zutaten

800 g Mango (etwa 2 Stück)
200 g Himbeeren
150 ml Wasser
75 ml Mineralwasser (mit Kohlensäure)
3 Stiele Basilikum
1 Limette
3 EL Vollrohrzucker
2 TL Honig

Zubehör:
1 Topf
1 hoher Messbecher
1 Stabmixer
1 Schüssel
1 feines Sieb

Nährwerte p. P.

209 kcal
55 g Kohlenhydrate
2 g Fett
2 g Eiweiß

1 Im Topf Zucker und Wasser mischen. Bei mittlerer Hitze das Ganze etwa zehn Minuten zu einem Sirup einköcheln lassen. Danach auskühlen lassen.

2 Die Mango schälen, vom Stein lösen, die Frucht in Scheiben schneiden und anschließend würfeln.

3 Die Limette heiß abspülen, halbieren und in eine Schüssel pressen. Die Mangostücke, zwei Esslöffel Limettensaft und den Sirup in den Messbecher geben und das Ganze mittels eines Stabmixers fein pürieren.

4 Das Basilikum waschen, trockenschütteln sowie die abgezupften Blätter grob zurechtschneiden. Das Kraut ebenfalls in den Mixer gegeben und alles noch einmal pürieren.

5 Das Püree in eine Schüssel geben und etwa eine Stunde in der Eismaschine gefrieren lassen. Alternativ kann man es auch ins Gefrierfach geben. Jetzt muss es regelmäßig während der Gefrierzeit umgerührt werden.

6 Die Himbeeren abspülen und verlesen. Honig und Mineralwasser mit den Himbeeren ebenfalls im Messbecher mit dem Stabmixer pürieren.

7 Das Himbeerpüree durch ein feines Sieb passieren. Aus dem Mango-Sorbet Kugeln formen und mit dem Himbeerspiegel anrichten oder übergießen.

SCHOKOLADENMOUSSE

4 Port.

3,5 Std.

Mittel

Zutaten

250 g Heidelbeeren
125 g Zartbitterschokolade (mind. 70 % Kakao)
45 g Vollrohrzucker
125 ml roter Traubensaft
100 ml Schlagsahne
1 Ei
1 EL Zitronensaft
½ TL Speisestärke

Zubehör:
4 Schüsseln
1 Topf
1 Sieb
1 Metallschüssel
1 Schneebesen

Nährwerte p. P.

449 kcal
39 g Kohlenhydrate
30 g Fett
6 g Eiweiß

1 Die Sahne kaltstellen. Im Topf bei mittlerer Temperatur zwei Esslöffel Zucker goldgelb karamellisieren. Danach den Inhalt mit dem Traubensaft ablöschen. Zitronensaft dazugeben und alles mischen.

2 Die Heidelbeeren im Sieb abspülen und abtropfen lassen. Anschließend in den Topf geben und zugedeckt circa fünf bis acht Minuten mitköcheln lassen.

3 In einer Schüssel die Stärke mit 10 ml Wasser anrühren und der Heidelbeermasse untermengen. Die Masse auf niedriger Stufe sämig einköcheln lassen und auf Gläser verteilen.

4 Die Schokolade grob hacken und in einem Wasserbad schmelzen. Anschließend vom Herd nehmen.

5 Das Ei trennen und das Eigelb mit 15 g Zucker in einer Schüssel schaumig schlagen. Der Zucker soll sich auflösen. In einer weiteren Schüssel das Eiweiß mit dem restlichen Zucker zu Eischnee schlagen.

6 Die Eigelbmasse der Schokolade mit einem Schneebesen untermischen.

7 Jetzt die gekühlte Sahne steif schlagen und auf die Schokolade setzen. Mit dem Schneebesen die Schlagsahne unterheben. Danach den Eischnee unterziehen.

8 Die Mousse nun auf die Heidelbeermasse geben und das Dessert nun noch drei Stunden im Kühlschrank kühlen.

PISTAZIENCREME

4 Port. | 23 Std. 30 Min. | Leicht

Zutaten

100 g Pistazien (gemahlen)
50 g Kokosblütenzucker (oder Zucker)
250 ml Milch
100 ml Schlagsahne
100 ml Wasser
3 Blätter Gelatine
2 Eigelbe
½ Vanilleschote

Zubehör:
2 Schüsseln
2 Metallschüsseln
1 Topf

Nährwerte p. P.

366 kcal
21 g Kohlenhydrate
26 g Fett
12 g Eiweiß

1 In einer Schüssel die Gelatine in kaltem Wasser einweichen.

2 Die Milch langsam im Topf erhitzen. Das Mark aus der Vanilleschote herauskratzen. Mark und Pistazien zur Milch geben. Alles aufkochen und beiseitestellen.

3 Ein Wasserbad aufsetzen. Darin den Kokosblütenzucker und die Eigelbe schaumig schlagen.

4 Die Milch langsam in die Eigelbmasse einrühren und so lange weiterschlagen, bis die Masse langsam bindet. Die ausgedrückte Gelatine nun darin auflösen.

5 Jetzt die Creme im Eiswasserbad kaltschlagen. In einer Schüssel die Sahne steif schlagen und unter die Pistaziencreme heben. Das Ganze etwa drei Stunden in den Kühlschrank stellen.

LEICHTES FEIGENDESSERT

4 Port.

30 Min.

Leicht

Zutaten

300 g Orange (etwa 2 Stück)
200 g Frischkäsezubereitung
200 g Joghurt
8 getrocknete Datteln
2 frische Feigen
2 Gewürznelken
1 Zimtstange
1 EL Honig
2 TL Pistazienkerne
½ TL Speisestärke
½ TL Zimt

Zubehör:
2 Schüsseln
1 Topf

Nährwerte p. P.

214 kcal
15 g Kohlenhydrate
15 g Fett
7 g Eiweiß

1 Die Orangen heiß abspülen, abtrocknen und ein bis zwei Esslöffel der Schale abreiben. Die Orangen halbieren sowie deren Saft in eine Schüssel pressen.

2 In der zweiten Schüssel drei Esslöffel Orangensaft mit der Stärke verrühren. Den restlichen Orangensaft mit der Zimtstange und den Nelken in den Topf geben. Die Stärke hinzugießen und alles aufkochen. Den Topf vom Herd nehmen und den Topfinhalt noch etwas ziehen lassen.

3 Die Datteln halbieren, den Stein entnehmen sowie klein würfeln. Nelken sowie Zimtstange aus dem Topf nehmen. In der Schüssel die Datteln mit dem Orangendicksaft übergießen und das Ganze abkühlen lassen.

4 Den Joghurt mit dem Frischkäse vermischen. Orangenschale, Zimt sowie Honig untermischen. Die Pistazienkerne grob hacken.

5 Die Feigen waschen, trocknen und achteln. Die Joghurt-Frischkäse-Creme und die Orangen-Dattel-Soße mit den Feigen anrichten. Zum Schluss alles mit den Pistazien bestreuen.

SÜẞER FRUCHTSALAT

4 Port.

20 Min.

Leicht

Zutaten

80 g grüne Trauben
60 g Heidelbeeren
2 Kiwis
1 Nektarine
1 Orange
1 Birne
½ Banane
1 EL Zitronensaft
1 EL Honig

Zubehör:
1 Schüssel

Nährwerte p. P.

128 kcal
27 g Kohlenhydrate
1 g Fett
2 g Eiweiß

1 Die Nektarine waschen, halbieren und vom Stein trennen. Das Fruchtfleisch würfeln. Die Orange mit einem Messer schälen. Es darf keine weiße Haut übrig bleiben. Die einzelnen Filets herausschneiden und nach Bedarf halbieren. Den Rest der Orange in eine Schüssel pressen.

2 Dazu die Nektarine, die Orangenfilets und den Zitronensaft geben. Die Banane schälen, der Länge nach halbieren und in Stücke schneiden. Die Birne waschen, das Kerngehäuse herauslösen und das Fruchtfleisch klein würfeln. Beides mit in die Schüssel geben.

3 Die Kiwis schälen, längs vierteln und klein schneiden. Die Trauben waschen und halbieren. Die Beeren gründlich abspülen und trocknen.

4 Den Honig darüber träufeln und alles gut miteinander vermengen.

BEERIGE NICECREAM

2 Port.

2 Std.
15 Min.

Leicht

Zutaten

50 g Brombeeren (TK)
50 g Heidelbeeren (TK)
50 g Heidelbeeren
50 ml Haferdrink (oder Hafermilch)
4 Bananen
1 Stängel Minze
½ Vanilleschote

Zubehör:
1 Gefrierbeutel
1 Standmixer

Nährwerte p. P.

208 kcal
45 g Kohlenhydrate
2 g Fett
3 g Eiweiß

1 Die Bananen schälen und etwa fingerdick zuschneiden. Diese im Gefrierbeutel für vier Stunden ins Tiefkühlfach legen.

2 Die frischen Heidelbeeren waschen und verlesen. Die Minze waschen, trockenschütteln und die Blätter abzupfen. Die Vanilleschote halbieren und das Mark herauskratzen.

3 Im Standmixer alle tiefgekühlten Früchte mit der Milch und dem Vanillemark zu einer streichfertigen Creme pürieren. Dabei die Milch am besten nacheinander angießen, um persönliche Vorlieben der Konsistenz zu berücksichtigen.

4 Die erfrischende Nicecream mit den frischen Heidelbeeren und den Minzblättern dekorieren.

DEFTIGE MELONENKALTSCHALE

2 Port.

15 Min.

Leicht

Zutaten

200 ml Gemüsebrühe
½ Wassermelone (gekühlt)
4 Zweige Zitronenthymian
3 Frühlingszwiebeln
1 EL Apfeldicksaft
Je 1 Prise Salz & Pfeffer

Zubehör:
1 Standmixer
1 Pfanne

Nährwerte p. P.

79 kcal
2 g Kohlenhydrate
8 g Fett
1 g Eiweiß

1 Die Melone in Streifen schneiden und die Kerne entnehmen. Danach in Stücke schneiden.

2 Den Thymian waschen, trockenschütteln und die Blätter abzupfen. Diese mit der Melone sowie der Brühe im Standmixer fein pürieren sowie salzen und pfeffern.

3 Die Frühlingszwiebeln putzen, diagonal in Ringe schneiden und kurz in der Pfanne ohne Fett anbraten. Danach den Apfeldicksaft dazugeben und alles kurz aufkochen. Anschließend das Ganze abkühlen lassen.

4 Das Melonenpüree mit den gerösteten Frühlingszwiebeln sowie den restlichen Thymianblättern dekorieren.

Getränke & Shakes

GOLDEN MILK

 2 Port.

 10 Min.

 Leicht

Zutaten

500 ml Haferdrink (oder Hafermilch)
2 EL Leinöl
2 TL Kurkumapulver
1 TL Honig
½ TL Kokosöl
½ TL Ingwer (frisch gerieben)
1 Prise Muskatnuss (frisch gerieben)
1 Prise schwarzer Pfeffer
1 Msp. Vanillemark

Zubehör:
2 Gläser
1 Topf
1 Schneebesen

Nährwerte p. P.

180 kcal
15 g Kohlenhydrate
13 g Fett
1 g Eiweiß

1 In einem Topf den Haferdrink aufkochen. Danach die restlichen Zutaten bis auf das Leinöl hinzufügen und alles umrühren. Das Ganze etwa drei Minuten ruhen lassen.

2 Mit Hilfe eines Schneebesens das Getränk aufschäumen, in die Gläser gießen und je einen Esslöffel Leinöl unterrühren.

KEFIR-SMOOTHIE

4 Port.

10 Min.

Leicht

Zutaten

500 g Kefir
250 g Blattspinat
3 Stiele Zitronenmelisse
1 Bund Minze
1 Birne
1 Banane
1 Zitrone
2 EL Mandelstifte

Zubehör:
1 Stabmixer
1 hoher Messbecher

Nährwerte p. P.

97 kcal
15 g Kohlenhydrate
2 g Fett
6 g Eiweiß

1 Die Zitronenmelisse und Minze waschen und trocknen. Die Blätter abzupfen und einige zur Seite legen. Den Spinat waschen und trockenschütteln.

2 Die Birne waschen, halbieren sowie vom Kerngehäuse befreien. Anschließend in grobe Stücke schneiden. Die Banane schälen und grob in Stücke schneiden. Die Zitrone in eine Schüssel pressen.

3 Im Messbecher Zitronenmelisse, Minze sowie zwei Drittel des Spinats mit dem Stabmixer pürieren. Nun einen Esslöffel Mandelstifte sowie fünf Esslöffel Zitronensaft dazugeben. Den Mix auf die Gläser verteilen. Den Messbecher auswaschen.

4 Banane, Birne sowie den übrigen Spinat mit den letzten Mandelstiften ebenfalls im Messbecher pürieren. Jetzt 250 g Kefir untermischen.

5 Die Kefir-Mischung auf die grüne Schicht in die Gläser geben. Abschließend den übrigen Kefir aufgießen und die zur Seite gelegten Blätter darauf arrangieren.

SMOOTHIE-BOWL

4 Port.

15 Min.

Leicht

Zutaten

500 g Heidelbeeren (oder Holunderbeeren)
400 g Joghurt (oder Sojaalternative)
200 ml ungesüßter Mandeldrink (oder Mandelmilch)
2 Bananen
1 EL Sesam
1 EL Kakaonibs
2 TL Leinsamen
1 TL Kakaopulver

Zubehör:
1 Standmixer

Nährwerte p. P.

157 kcal
21 g Kohlenhydrate
5 g Fett
7 g Eiweiß

1 Die Blaubeeren waschen, verlesen und abtropfen lassen. Die Bananen schälen und in mundgerechte Stücken schneiden.

2 In einem Standmixer 400 g Beeren und den Joghurt grob pürieren. Mandelmilch und Kakaopulver dazugeben und alles fein pürieren. Erst jetzt den Leinsamen unterrühren.

3 Das Ganze in den Schalen verteilen. Die Speise mit Kakaonibs, Sesam und den restlichen Heidelbeeren garnieren.

CHEESECAKE-SMOOTHIE

4 Port.

10 Min.

Leicht

Zutaten

300 g Mango
250 g Ananas
100 g Hüttenkäse
200 ml Kefir
100 ml Kokoswasser
1 Limette
1 EL Kokosraspel

Zubehör:
1 Schüssel
1 Standmixer

Nährwerte p. P.

129 kcal
20 g Kohlenhydrate
3 g Fett
6 g Eiweiß

1 Mango und Ananas schälen und vom Stein beziehungsweise Strunk befreien. Das Fruchtfleisch klein würfeln. Die Limette heiß abwaschen und abtrocknen. Mit einem Zestenschneider Schalenstreifen abziehen. Danach die Limette halbieren und deren Saft in eine Schüssel pressen.

2 Ein paar Stücke Mango und Ananas zur Seite legen. Im Standmixer die restlichen Fruchtstücke, den Limettensaft und den Hüttenkäse kurz mischen. Danach Kefir und Kokoswasser hinzufügen. Alles nochmals pürieren.

3 Den Smoothie in die Gläser füllen und die übrigen Fruchtstücke darauf arrangieren. Nun die Zitronenzesten drauflegen und das Ganze mit Kokosraspeln bestreuen.

EXOTIK-SMOOTHIE

4 Port.

15 Min.

Leicht

Zutaten

150 g Mangofruchtfleisch
150 g Papayafruchtfleisch
100 g Heidelbeeren
100 g Himbeeren
300 ml Haferdrink (oder Hafermilch)
1 gelbe Paprikaschote
1 Orange
1 Limette
1 EL Leinöl
1 TL Kurkumapulver

Zubehör:
4 Gläser
1 Standmixer

Nährwerte p. P.

127 kcal
18 g Kohlenhydrate
6 g Fett
2 g Eiweiß

1 Papaya und Mango halbieren und von Stein und Kernen befreien. Das Fruchtfleisch klein würfeln. Die Paprika putzen, entkernen und in Stücke schneiden. Diese in den Standmixer geben.

2 Orange und Limette heiß abspülen, abtrocknen und halbieren. Den Saft in den Standmixer pressen. Die restlichen Zutaten außer den Beeren ebenfalls in den Mixer geben und alles fein pürieren.

3 Die Gläser mit den Beeren füllen und anschließend mit dem Smoothie auffüllen.

FRUCHTIGER CASHEW-SHAKE

2 Port.

10 Min.

Leicht

Zutaten

150 g Heidelbeeren
50 g zarte Haferflocken
300 ml Haferdrink (oder Hafermilch)
3 EL Cashewkerne
1 TL Cashewmus
1 TL Zimt

Zubehör:
2 Gläser
1 Standmixer

Nährwerte p. P.

273 kcal
27 g Kohlenhydrate
15 g Fett
7 g Eiweiß

1 Die Heidelbeeren waschen und verlesen. Sechs Beeren zur Seite legen. Alle anderen Zutaten im Standmixer cremig pürieren.

2 Den Cashew-Shake in die Gläser füllen und mit den beiseitegelegten Heidelbeeren garnieren.

GESUNDHEITSSHOTS

25 Port.

15 Min.

Leicht

Zutaten

60 g Ingwer
3 grüne Äpfel (z. B. Granny Smith)
3 Kiwis
3 Stangen Staudensellerie
2 Birnen
2 Limetten
1 Bund Petersilie
1 TL Kurkuma

Zubehör:
1 Entsafter

Nährwerte p. P.

19 kcal
4 g Kohlenhydrate
1 g Fett
1 g Eiweiß

1 Äpfel und Birnen waschen und klein schneiden. Die Kiwis halbieren und deren Fruchtfleisch mit einem Löffel herauslösen.

2 Sellerie und Ingwer waschen und in kleine Stücke schneiden. Die Petersilie waschen und trockenschütteln. Die bisher zubereiteten Zutaten im Entsafter auspressen. Den Saft in die Gläser füllen.

3 Die Limetten heiß abspülen und abtrocknen. Anschließend aufschneiden und in die Gläser pressen. Kurkuma on top auf den Glasinhalt streuen. Nun alles im Glas mischen und sofort servieren oder einfrieren.

Bonus: Gesundheitsrezepte

SÜẞKARTOFFELTOAST

4 Port.

30 Min.

Leicht

Zutaten

600 g Süßkartoffeln (etwa 2 Stück)
200 g Kirschtomaten
200 g Frischkäse
30 g Sprossen
1 Frühlingszwiebel
1 Avocado
2 EL Limettensaft
1 EL Kürbiskernöl
1 TL Olivenöl
2 TL Leinsamen
2 TL Kürbiskerne
Je 1 Prise Salz & Pfeffer

Zubehör:
1 Sieb
1 Backblech
Backpapier
Backofen

Nährwerte p. P.

394 kcal
31 g Kohlenhydrate
27 g Fett
6 g Eiweiß

1 Den Backofen auf 180 Grad Celsius Ober-/Unterhitze vorheizen. Die Süßkartoffeln schälen und in etwa 7 mm dicke Scheiben schneiden. Diese auf ein mit Backpapier belegtes Backblech legen, mit Olivenöl bestreichen und 18 - 20 Minuten backen.

2 Die Tomaten waschen, halbieren und deren Blütenansatz entfernen. Die Frühlingszwiebel putzen und in dünne Ringen schneiden. Die Avocado halbieren und vom Stein lösen. Das Fruchtfleisch ausschaben und in Scheiben schneiden. Die Sprossen abspülen und im Sieb abtropfen lassen.

3 Die Süßkartoffeln aus dem Ofen nehmen sowie salzen und pfeffern. Auf den Kartoffeln nun den Frischkäse verstreichen. Jetzt die Avocadoscheiben und die Tomaten auflegen. Sprossen, Leinsamen sowie Kürbiskerne on top geben. Zum Schluss mit den Frühlingszwiebelringen bestreuen und mit Limettensaft und Kürbiskernöl beträufeln.

Hinweis: Allein die Avocado liefert Inhaltsstoffe pur. Hierbei sticht insbesondere das Kalium zur Blutdrucksenkung hervor. Aber auch das antioxidative Vitamin E sowie einige ungesättigte Fettsäuren zur Entzündungshemmung wirken positiv. Das Betacarotin der Süßkartoffel begünstigt wiederum gesunde Augen.

ZIMTWASSER

4 Port.

2 Std.
10 Min.

Leicht

Zutaten

1 l Mineralwasser
4 Zweige Rosmarin
2 Zimtstangen
½ Grapefruit

Zubehör:
4 Gläser
1 Karaffe

Nährwerte p. P.

76 kcal
16 g Kohlenhydrate
1 g Fett
1 g Eiweiß

1 Das Wasser in eine Karaffe gießen. Die Grapefruit heiß abspülen und abtrocknen. Anschließend in Scheiben schneiden und ins Wasser geben.

2 Den Rosmarin waschen. Die Zweige mit den Zimtstangen ebenfalls ins Wasser geben. Das Zimtwasser mindestens zwei Stunden ziehen lassen.

Hinweis: Die Grapefruit ist dank reichlich Vitamin C ein hervorragender Booster für das Immunsystem – gerade in der kalten Jahreszeit. Zimt sowie Rosmarin regen einerseits die Durchblutung, andererseits den Stoffwechsel an.

SOMMERSALAT

4 Port.

40 Min.

Leicht

Zutaten

75 g Sonnenblumenkerne
75 g Pistazien
Saft von 1–2 Zitronen
1 grüne Zucchino
1 gelbe Zucchino
1 rote Zwiebel
½ Rotkohl
4 EL kaltgepresstes Sonnenblumenöl
1 TL Kräutersalz
1 TL Pfeffer (frisch gemahlen)

Zubehör:
1 Schüssel
1 Pfanne

Nährwerte p. P.

324 kcal
13 g Kohlenhydrate
26 g Fett
11 g Eiweiß

1 Den Rotkohl putzen und die äußeren Blätter entfernen. Den Strunk herausschneiden und den Kohl anschließend in Streifen schneiden. Die Zucchini putzen, deren Stielansatz entfernen und klein würfeln. Die Zwiebel schälen und klein würfeln.

2 In einer Schüssel die Gemüsesorten miteinander vermischen. Jetzt das Ganze mit Salz und Pfeffer würzen. Den Salat etwa 30 Minuten im Öl und dem Zitronensaft marinieren.

3 In der Pfanne die Kerne ohne Fett rösten. Sie sollen duften. Die Sonnenblumenkerne sowie die Pistazien über den Salat streuen.

Hinweis: Dieser Salat ist reich an Zink. Damit wird der Wundheilung, dem Wachstum sowie der Abwehrkraft einiges an Potenzial verliehen. Zudem überzeugt der hohe Anteil des wichtigsten Minerals Kalzium für die Festigung von Knochen und Zähnen. Dank der Omega-3-Fettsäuren wird zudem der Blutfluss geregelt und die Gerinnung im Körper gehemmt. Sie erweisen sich außerdem als förderlich hinsichtlich Entzündungshemmung sowie Blutdrucksenkung.

BUDDHA-BOWL

4 Port.

1 Std.

Leicht

Zutaten

400 g Dinkel
400 g Steckrübe
150 g Joghurt
100 g Grünkohl
100 g Feldsalat
100 g Walnusskerne
800 ml Wasser
5 Stiele Schnittlauch
1 Birne
1 Stange Lauch
1 Knoblauchzehe
½ Rotkohl
3 EL Walnussöl
2 EL Apfelessig
2 TL Honig
1 TL scharfer Senf
1 Prise Salz

Zubehör:
1 Sieb
1 Topf
1 Pfanne
1 Schüssel

Nährwerte p. P.

585 kcal
66 g Kohlenhydrate
26 g Fett
18 g Eiweiß

1 Den Dinkel im Sieb abspülen, in einem Topf mit Salzwasser aufkochen und bei hoher Temperatur etwa zehn Minuten garen.

2 Die Rübe schälen und klein würfeln. Nach den zehn Minuten die Rübenwürfel zum Dinkel geben. Bei mittlerer Hitze beide Zutaten circa 40 Minuten garen.

3 Die Kohlsorten sowie den Lauch putzen und in feine Streifen schneiden. Den Salat waschen. Die Birne waschen, vierteln und vom Kerngehäuse befreien. Anschließend quer in Scheiben schneiden.

4 In einer Pfanne die Walnusskerne ohne Fett rösten. Nach etwa vier Minuten beginnen sie zu duften. In der Schüssel abkühlen lassen und grob hacken.

5 Für das Dressing in einer Schüssel Essig, Senf, Öl und Honig verrühren. Das Ganze mit Salz abschmecken.

6 Den Schnittlauch waschen, trocknen und mit dem geschälten Knoblauch hacken. Diese Zutaten unter den Joghurt mischen und mit Salz abschmecken. Das Ganze unter das Dressing rühren.

7 Steckrübe und Dinkel im Sieb abtropfen lassen und mit dem Kohl, Salat sowie Lauch auf die Schüsseln verteilen. Birnenwürfel, Walnüsse dienen als Garnierung. Zum Schluss das Dressing darüberträufeln.

Hinweis Steckrüben enthalten viel gut verdauliche Stärke und vor allem schwefelhaltige ätherische Öle. Diese fördern die Darmaktivität und schonen den Magen. Mit dem Kohl wird uns die Extraportion Vitamin C geschenkt. Dazu offenbart der Honig entzündungshemmende Enzyme sowie einen herausragenden Zellschutz dank Antioxidantien. Für noch mehr Abwehrkräfte sorgt die Ellagsäure der Walnüsse.

BRUNNENKRESSE-DRINK

2 Port.

15 Min.

Leicht

Zutaten

150 g Brunnenkresse
200 ml Mineralwasser
1 Zwiebel
½ Salatgurke
4 EL Crushed Ice
1 EL Zitronensaft
1 Prise Salz
1 Prise Pfeffer

Zubehör:
2 Gläser
1 Standmixer

Nährwerte p. P.

55 kcal
4 g Kohlenhydrate
2 g Fett
5 g Eiweiß

1 Die Kresse abschneiden, waschen und trockenschleudern. Einige Blätter als Garnitur beiseitelegen.

2 Die Zwiebel schälen und fein würfeln. Die Gurke putzen, der Länge nach halbieren und ebenfalls klein würfeln. Vier Esslöffel Gurkenwürfel zur Seite legen.

3 Im Standmixer alle Zutaten bis auf die zur Seite gelegten Ingredienzien fein pürieren. Anschließend in die Gläser füllen und mit den beiseitegestellten Gurkenwürfeln sowie Kresseblättern garnieren.

Hinweis: Brunnenkresse bietet jede Menge pflanzliche Inhaltsstoffe. Es enthält einiges Eisen für die Blutbildung. Eisen fördert auch den problemlosen Sauerstofftransport. In Kombination mit dem Vitamin C der Zitrone wird das Spurenelement deutlich einfacher vom Körper aufgenommen.

LAVENDELCREME

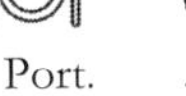

2 Port. | 3 Std. 15 Min. | Leicht

Zutaten

50 g Schlagsahne
200 ml Milch
2 ½ Blätter Gelatine
1 Ei
½ Zitrone
3 EL Lavendelblüten (frisch oder getrocknet)
2 EL Honig

Zubehör:
2 Schüsseln
1 Topf
1 Sieb
1 Metallschüssel

Nährwerte p. P.

137 kcal
4 g Kohlenhydrate
11 g Fett
7 g Eiweiß

1 Den Lavendel abspülen und trockenschütteln. In einem Topf zwei Esslöffel Blüten mit der Milch aufkochen und etwa 30 Minuten ziehen lassen.

2 Die Gelatine in der Schüssel im kalten Wasser quellen lassen.

3 Die Milch durch ein Sieb abgießen. Anschließend erneut erhitzen und mit der ausgedrückten Gelatine vermengen. Die Gelatine soll sich komplett auflösen, die Milch soll nicht kochen.

4 Die Zitrone heiß abspülen und abtrocknen. Jetzt die Schale abreiben.

5 Das Ei trennen und das Eiweiß steif schlagen. Das Eigelb im Wasserbad samt Honig schaumig schlagen. In das Eigelb nun vorsichtig die Milch gießen. Mit dem Zitronenschalenabrieb abschmecken.

6 Die Sahne steif schlagen und mit dem Eiweiß unter die Masse heben. Das Ganze noch etwa drei Stunden im Kühlschrank kühlen. Vor dem Servieren mit den restlichen Lavendelblüten garnieren.

Hinweis: Lavendel enthält Flavonoide (Antioxidative und Blutcholesterinsenkung), Phytosterole (Konkurrent des LDL-Cholesterins) und einige ätherische Öle. Letztere wirken entzündungshemmend, schmerzlindernd und unterstützen die Konzentration.